この問題集のねらい

　教室で生徒さんに「いつ頃から中学校の英語が苦手になったの？」と質問をすると，10人中9人ぐらいが，「3単現（3人称単数現在）のあたりから」と答えます。

　英語は階段をひとつひとつ上がっていく科目です。ひとつ階段を踏みはずすと，つまずきが大きくなります。本書はそのつまずきを克服するために，同じ内容の問題が繰り返し出てきます。例えば，入門期にまちがいやすい単語にstudy（勉強する）の3人称単数現在（studies）がありますが，本書では質問形式をかえて，studiesを繰り返し練習することによって，その定着を図っています。これが，本書を「リピートプリント」と名付けた理由です。

この問題集の特色と使い方

◆ 基本を学ぼう

　そのSTEPの文法事項の例題を見やすい図解で解説し，視覚的に理解できるようにしました。十分理解ができたら**単語力UP**に進みましょう。単語力UPでは，文法の力をつけるのに必要な単語の問題や，そのSTEPに出てくる単語を学習します。

　問題は選択書き込み式の簡単な内容が中心になっています。この問題を解くことによって，次ページからの英文が単語でつまずくことが少なくなります。

◆ 基礎を固めよう

　まず二者択一の問題，次に部分和訳の問題があります。二者択一の例文の多くは，左ページの基本例文か，その例文を少し変化させたものを使用しています。やさしい問題からスタートしますので，ここで，しっかり基礎固めをしましょう。

◆ リピートプリント

　各STEPには実践編として，リピートプリントが2ページずつついています。

　重要な例文は出題形式を変えて何度もリピートして出題されていますので，無理なく定着しやすいようになっています。

また，本書では復習作業をしながら学習が進むように，スモールステップで問題が構成されています。

◆ 確認テスト

学年の学習項目を6つに分けて，確認テストを設けました。学習したことがどれだけ定着しているか，判断できます。ミスした部分をチェックして，反復練習をしましょう。

◆ 解答欄

窮屈な解答欄に解答を記入しないといけないことは，意外とストレスになるものです。本書は解答欄をできるだけ広くとることによって，英語を書きやすく，解答作業に集中しやすいようにしました。

◆ 解説・ヒント

必要に応じて問題文のすぐ下に解答のためのヒントを入れました。また，別冊解答では，英文の和訳例や，解説も入れています。重要だと思われるポイントは，定着のため，反復して出てきます。

◆ 🐕 の「ワン」ポイントアドバイス

この問題集のあちこちで，🐕が吠えています。解答のためのヒントや，重要事項を理解するための「ワン」ポイントアドバイスです。見かけたら読んでみてください。

も　く　じ

1年の復習 をしよう ①

1. 次の動詞の意味を（　）に書きましょう。

① go　　（　　　　　　　　） ② play　（　　　　　　　　）

③ study（　　　　　　　　） ④ run　　（　　　　　　　　）

⑤ swim （　　　　　　　　） ⑥ wash （　　　　　　　　）

⑦ like　 （　　　　　　　　） ⑧ speak（　　　　　　　　）

⑨ write （　　　　　　　　） ⑩ read　（　　　　　　　　）

2. 次の文の（　）から適切な語を選び，下線部に書きましょう。

① He ＿＿＿＿＿＿ baseball.　　　　　（ like, likes ）
　3単現

② We ＿＿＿＿＿＿ the room.　　　　（ clean, are ）
　一般動詞

③ He ＿＿＿＿＿＿ speaking Chinese.　（ is, am ）
　be動詞の使い方

④ These are two ＿＿＿＿＿＿.　　　　（ book, books ）
　複数形

4

3. 次の下線部に適切な語を入れて，対話文を完成させましょう。

① _____ this a ball? —Yes, it is.
be動詞

② _____ she go to the library? —No, she doesn't.
一般動詞

③ _____ you play tennis? —Yes, I can.
助動詞can

④ _____ they study English? —No, they didn't.
過去の文

4. 次の（　）の語〔句〕を並べかえて，意味の通る文にしましょう。

① 毎日，熱心に英語を勉強しなさい。
(every day / study / English / hard / .)

_____

② 今日は何曜日ですか。
(day / what / it / is / today / ?)

_____

③ 彼女らは毎日テニスをします。
現在の文
(play / they / every day / tennis / .)

_____

④ 彼らは昨日野球をしました。
過去の文
(they / yesterday / baseball / played / .)

_____

1年の復習 をしよう②

1. 次の文を日本語にしましょう。

① That is a notebook.

（　　　　　　　　）ノートです。

② We like baseball.

（　　　　　　　　　）野球が好きです。

③ They are sitting on the chair.
現在進行形

彼らはいすの上に（　　　　　　　　　　　　　　）。

④ Did you have a good time?　—Yes, we did.
have a good time「楽しいときを過ごす」

あなたたちは（　　　　　　　　　　　　　　　　　）。 —はい，過ごしました。

2. 次の（　）の語を適切な場所に入れて文を完成させましょう。

① This is a picture.　　　　　(beautiful)
美しい絵

_____

② I am a teacher.　　　　　(English)
母音に注意

_____

③ She is in the ground.　　　(running)
現在進行形

_____

④ He swims fast.　　　　　(can)
can＋動詞の原形

_____

現在進行形でつまずいた場合，（1 ③）　　　1年 STEP13(P.60)

3. 次の文を（　　）の指示に従って書きかえましょう。

① He studies Spanish.　　　　　（現在進行形の文に）
be動詞に注意

He _____ _____ Spanish.

② You play the piano.　　　　（否定文に）
doかdoesかを考える

You _____ _____ the piano.

③ That is a window.　　　　（複数の文に）
Thoseで始める

_____ are _____.

④ She can run fast.　　　　（疑問文に）
canの位置がポイント

_____ she _____ fast?

4. 次の（　　）に, When, Where, What time, Howのうち, 適切な語〔句〕を選んで書きましょう。

① (　　　　　　　) do you live?
場所

—I live in Osaka.

② (　　　　　　　) do you go to the park?
手段

—I go to the park by bus.

③ (　　　　　　　　　　) do you get up?
時刻（2語）

—I get up at seven.

④ (　　　　　　　) do you run?
時

—I run in the morning.

疑問詞でつまずいた場合, （4 ①〜④）　　1年 STEP20・21（P.96, P.100）

be動詞の過去形

基本を学ぼう

You were a soccer fan.

（あなたはサッカーファンでした。）

Were you a soccer fan?

（あなたはサッカーファンでしたか。）

Yes, I was. ／ No, I was not[wasn't].

（はい，サッカーファンでした。）（いいえ，サッカーファンではありませんでした。）

I was not[wasn't] a soccer fan.

（わたしはサッカーファンではありませんでした。）

働き

- 感想や過去の状態を伝えたいときは，be動詞の過去形was, wereを使う。
- was, wereは，「～にいた，あった」という意味も表す。
- 「…は～でしたか」とたずねたいときは，was, wereで文を始める。答えるときはwas, wereを使う。
- 「…は～ではありませんでした」と否定をいいたいときは，wasn't〔was not〕, weren't〔were not〕を使う。

■be動詞の過去形の使い分け

	単数（１つのものを指す）		複数（２つ以上のものを指す）	
１人称（自分のこと）	I	was	we	
２人称（話し相手のこと）	you	were	you	were
３人称（自分と話し相手以外）	he,she,it	was	they	

単語力 UP

このSTEPに出てくる重要語

① free ひまな ② tired 疲れて ③ sad 悲しい

基礎を固めよう

1. 次の英文の日本語として適切なものを選び，記号で答えましょう。

① I was a teacher.

　　ア　わたしは先生です。
　　イ　わたしは先生でした。　　　　　　　　　　　　　（　　　）

② Were you a student?

　　ア　あなたは生徒ですか。
　　イ　あなたは生徒でしたか。　　　　　　　　　　　（　　　）

2. 次の文を日本語にしましょう。

① I was tired last week.
　わたしは（　　　　　　　　　　　　　　　）。

② This book wasn't interesting.
　この本は（　　　　　　　　　　　　　　）。

③ He was not a doctor.
　彼は（　　　　　　　　　　　　　　　）。

④ Was she kind?
　彼女は（　　　　　　　　　　　　　　）。

解答

1. ① イ　　② イ
2. ①わたしは（先週疲れていました）。　　②この本は（おもしろくありませんでした）。
　③彼は（医者ではありませんでした）。　　④彼女は（親切でしたか）。

1 次の文を日本語にしましょう。

① We were at home yesterday.
　　　～にいた

　　(　　　　　　　　　　　　　　　　　　　　　)

② Was your father in America last week?

　　(　　　　　　　　　　　　　　　　　　　　　)

③ They were ten years old last year.

　　(　　　　　　　　　　　　　　　　　　　　　)

④ He wasn't free last Sunday.
　　　　　　　　　　この前の日曜日

　　(　　　　　　　　　　　　　　　　　　　　　)

2 次の日本文に合うように，下線部に適切な語を入れましょう。

① 彼女は医者ではありませんでした。

　　She _____ a doctor.

② あなたは親切な少女でした。

　　You _____ a kind girl.

③ 東京は昨日雨でしたか。

　　_____ it rainy in Tokyo yesterday?

④ わたしたちは2年前生徒でした。

　　We _____ students two years _____.

yesterday, last week, agoなどは過去を表すことばだよ。

1 次の文を（　　）の語〔句〕を使って書きかえましょう。

① I am not happy.　　　　　　　(yesterday)

_____

② Is he a doctor?　　　　　　　(three years ago)

_____

③ We are sad.　　　　　　　　(last week)

_____

④ They are seven years old.　　(last year)

_____

2 次の文を英語にしましょう。

① わたしたちは昨年日本にいませんでした。

_____

② あなたたちは親切な少年でした。

_____

③ 彼女らはその時公園にいましたか。

_____

④ それらはおもしろいです。

_____

一般動詞の過去形

 基本を学ぼう

文の形

She　　　　　　　　　　　liked　baseball.
（彼女は野球が好きでした。）

She did not［didn't］ like baseball.
原形
（彼女は野球が好きではありませんでした。）

Did she　　　　　　　　　like baseball?
原形
（彼女は野球が好きでしたか。）

Yes, she did. / No, she did not［didn't］.
（はい, 好きでした。）　（いいえ, 好きではありませんでした。）

働き

・「〜しました」のように，**過去にしたことを伝えたいとき**は，動詞を過去形にする。
・「〜しましたか」のように，**過去にしたかどうかをたずねたいとき**は，didを使う。答えるときもdidを使う。
・「〜しませんでした」のように，**過去にしなかったことをいいたいとき**は，did not〔didn't〕を使う。
・主語が何であっても過去の疑問文はDid〜?，過去の否定文はdid not〔didn't〕を使う。

単語力 UP

■規則動詞（過去形がedで終わる）
　[ ]は発音

play	→	played [d]
watch	→	watched [t]
use	→	used [d]
study	→	studied [d]

■不規則動詞
　（動詞そのものの形が変わる）

go	→	went
have	→	had
make	→	made
see	→	saw

基礎を固めよう

1. 次の英文の日本語として適切なものを選び，記号で答えましょう。

① My brother washed the car yesterday.

　　ア　わたしの兄は今日車を洗います。
　　イ　わたしの兄は昨日車を洗いました。　　　　　　　（　　　）

② He did not read an English book last night.

　　ア　彼は昨晩英語の本を読みません。
　　イ　彼は昨晩英語の本を読みませんでした。　　　　　（　　　）

③ Did he play tennis last month?

　　ア　彼は先月テニスをしましたか。
　　イ　彼は先週テニスをしましたか。　　　　　　　　　（　　　）

2. 次の文を日本語にしましょう。

① I did not dance yesterday.
　わたしは昨日（　　　　　　　　　　　　　　　）。

② Did she speak Japanese last week? —No, she did not.
　彼女は先週（　　　　　　　　　　　　　　　）。—いいえ，話しませんでした。

③ We got up at seven this morning.
　わたしたちは（　　　　　　　　　　　　　　　）。

解答

1. ① イ　② イ　③ ア
2. ①わたしは昨日（ダンスをしませんでした）。　　②彼女は先週（日本語を話しましたか）。
　③わたしたちは（今朝7時に起きました）。

13

リピートプリント ③

1 次の文を日本語にしましょう。

① I studied math yesterday.
数学

(   )

② Did Mike run in the park?

(   )

③ She didn't get up at seven this morning.

(   )

④ Ken and Kumi played volleyball last month.

(   )

2 次の語を過去形に書きかえましょう。

① walk (   )   ② go   (   )

③ come (   )   ④ study (   )

⑤ start (   )   ⑥ have   (   )

⑦ wash (   )   ⑧ get   (   )

 過去を表すことば (yesterday, last year など) を
しっかり覚えよう。

1 次の文を（　　）の指示に従って書きかえましょう。

① You made the box yesterday. （疑問文にしてYesで答える）

_____ ― _____

② We live in Canada. （last yearを使って過去の文に）

_____

③ He read the magazine. （否定文に）
　　　　　　雑誌

_____

④ She reads the book. （否定文に）

_____

2 次の文を英語にしましょう。

① わたしは昨日そうじをしました。

_____

② 彼女は先週彼に会いませんでした。

_____

③ あなたのお母さんは2日前に公園に行きましたか。

_____

―はい，行きました。

― _____

STEP 03 過去進行形

 基本を学ぼう

文の形

I was ⬛playing⬛ tennis.
（わたしはテニスをしていました。）

I was not[wasn't] ⬛playing⬛ tennis.
（わたしはテニスをしていませんでした。）

Were you ⬛playing⬛ tennis?
（あなたはテニスをしていましたか。）

Yes, I was. / No, I was not[wasn't].
（はい，していました。）（いいえ，していませんでした。）

働き

・「～していました」と過去のある時点でしていた動作を伝えたいときは，過去進行形（be動詞の過去形＋～ing）を使う。
・主語がIや3人称単数(he, sheなど)の場合は，「was+～ing」で，主語がyou，もしくはweやtheyなどの複数の場合は「were+～ing」で表す。
・「～していませんでした」と過去にしていなかったことを伝えたいときは，be動詞の後にnotをいれる。
・「～していましたか」と過去にしていたかどうかをたずねたいときは，be動詞の過去形で文を始める。答えるときはwas, wereを使う。

もっとくわしく

■動詞の～ingのつけ方
①動詞のそのままingをつける。
　　　　　　　　　play→playing, study→studying
②語尾がeで終わっている場合は，eをとってingをつける。
　　　　　　　　　make→making
③語尾が「短母音＋子音字」の場合は，最後の文字を重ねてingをつける。　run→running, swim→swimming

基礎を固めよう

1. 次の英文の日本語として適切なものを選び，記号で答えましょう。

① I was playing tennis then.

　ア　わたしは今テニスをしています。
　イ　わたしはその時テニスをしていました。　　　　　（　　）

② He wasn't studying English at that time.

　ア　彼はその時英語を勉強していませんでした。
　イ　彼は今英語を勉強していません。　　　　　　　　（　　）

2. 次の文を日本語にしましょう。

① You were running.

あなたは（　　　　　　　　　　　　　　　）。

② He wasn't sitting on the chair.

彼は（　　　　　　　　　　　　　　　）。

③ Were they swimming then?　　—Yes, they were.

彼らはその時（　　　　　　　　　　　）。—はい，泳いでいました。

 動詞ingのつけ方は現在進行形と同じだよ。
左ページで復習しておこう。

1. ① イ　② ア
2. ①あなたは（走っていました）。　　②彼は（いすの上にすわっていませんでした）。
　③彼らはその時（泳いでいましたか）。

1 次の文を日本語にしましょう。

① I was playing the guitar.
（ 　　　　　　　　　　　　　　 ）

② You were speaking English then.
（ 　　　　　　　　　　　　　　 ）

③ Were you making the box then?
（ 　　　　　　　　　　　　　　　 ）
—Yes, we were.
—（ 　　　　　　　　　　　 ）

2 次の日本文に合うように，（　　）から適切な語〔句〕を選び，下線部に書きましょう。

① わたしは歌を歌っています。

I ＿＿＿＿＿＿＿ singing a song. （ am, was, were ）

② あなたは英語を勉強していましたか。

＿＿＿＿＿＿＿ you studying English? (Are, Was, Were)

③ 彼はその時走っていませんでした。

He ＿＿＿＿＿＿＿ running then.(isn't, wasn't, weren't)

④ 彼女はその時泳いでいました。

She ＿＿＿＿＿＿＿ ＿＿＿＿＿＿＿ then.
(was swiming, was swimming, were swimming)

> ！ thenは過去の一時点を，nowは現在を表すことばだよ。

現在進行形でつまずいた場合，（**2** ①） 　1年 STEP13(P.60)

リピートプリント ⑥

1 次の文を過去進行形の文にしましょう。

① I studied Japanese.

_____

② Did he watch TV?

_____

③ Ken didn't read the book.

_____

④ They helped Emi.

_____

2 次の文を英語にしましょう。

① 彼は毎日英語を勉強します。

_____

② エミはその時英語を勉強していませんでした。

_____

③ 彼らはその時サッカーをしていましたか。

_____

— はい, していました。

— _____

 進行形にするときにはbe動詞が必要だよ。

 3単現でつまずいた場合, (**2** ①)　　1年 STEP07(P.32)

確認テスト1

1 次の文を日本語にしましょう。　　　　　　　　　　　（各4点×5＝20点）

① I cleaned the room yesterday.
(　　　　　　　　　　　　　　　　　　　　　　　　　　　)

② She wasn't sad yesterday.
(　　　　　　　　　　　　　　　　　　　　　　　　　　　)

③ Was he happy last night?
(　　　　　　　　　　　　　　　　　　　　　　　　　　　)

④ They were playing soccer then.
(　　　　　　　　　　　　　　　　　　　　　　　　　　　)

⑤ They play tennis every day.
(　　　　　　　　　　　　　　　　　　　　　　　　　　　)

2 次の日本文に合うように，下線部に適切な語を入れましょう。

（各4点×3＝12点）

① 彼は英語を勉強していましたか。

_____ he _____ English?

② 彼女は先週東京にいました。

She _____ _____ Tokyo last week.

③ トムとケンは昨年先生でした。
「トムとケン」は複数

Tom and Ken _____ _____ last year.

3 次の（　　）の語を並べかえて，意味の通る文にしましょう。

(各3点×4＝12点)

① (was / baseball / I / playing / .)

_____

② (teacher / were / you / a / ?)

_____

③ (yesterday / come / here / you / did / ?)

_____

④ (I / then / was / reading / book / the / .)

_____

4 次の文を（　　）の指示に従って書きかえましょう。

(各3点×4＝12点)

① I eat curry and rice.　　　　（過去の文に）

_____

② Alice walked to school.　　　（否定文に）

_____

③ He was tired.　　　　　　　　（疑問文に）

_____

④ Mike was washing the car.　　（否定文に）

_____

5 次の文の下線部に，be動詞かdoを適する形になおして書きましょう。

（各3点×4＝12点）

① ＿＿＿＿＿＿ you very happy yesterday?

② Ken ＿＿＿＿＿＿ in my room yesterday.

③ ＿＿＿＿＿＿ he study last Sunday?
この前の

④ I ＿＿＿＿＿＿ studying in the library now.

6 次の日本文に合うように，（　　）から適切な語を選び，下線部に書きましょう。

（各4点×3＝12点）

① わたしは昨日とても幸せでした。

I ＿＿＿＿＿＿ very happy yesterday.

（ am, was, were ）

② 彼女らは昨年北海道にいました。

They ＿＿＿＿＿＿ in Hokkaido last year.

（ are, was, were ）

③ ケンはバスで学校に行きました。

Ken ＿＿＿＿＿＿ to school by bus.

（ goes, goed, went ）

7 次の対話文を完成させましょう。　(各4点×3＝12点)

① A : Was he a teacher?

   B : Yes, ＿＿＿＿＿ ＿＿＿＿＿.

② A : ＿＿＿＿＿ you study English yesterday?

   B : No, I ＿＿＿＿＿.

③ A : Were they studying Japanese then?

   B : Yes, ＿＿＿＿＿ ＿＿＿＿＿.

8 次の①〜④には主語に合うbe動詞の過去形のwas, wereを、⑤〜⑧には一般動詞の過去形を下線部に書きましょう。(各1点×8＝8点)

① I ＿＿＿＿＿　　② You ＿＿＿＿＿

③ He ＿＿＿＿＿　　④ My father ＿＿＿＿＿

⑤ open ＿＿＿＿＿　　⑥ stop ＿＿＿＿＿

⑦ have ＿＿＿＿＿　　⑧ see ＿＿＿＿＿

Did you know?

日本で使われている野球用語の中で、英語として通じないものがいくつかあって、「ナイター」は英語ではnight game,「フォアボール」は (a) walk というのよ。

23

have to

I **have to** **play** the guitar.
原形
（わたしはギターをひかなければなりません。）

He **has to** **play** the guitar.
３人称単数　　　　　　　原形
（彼はギターをひかなければなりません。）

He **had to** **play** the guitar yesterday.
過去形　　　原形
（彼は昨日，ギターをひかなければなりませんでした。）

I **don't have to** **play** the guitar.
原形
（わたしはギターをひかなくてもよいです。）

Does he **have to** **play** the guitar?
原形
（彼はギターをひかなければなりませんか。）

Yes, he **does**. / No, he **does not[doesn't](have to)**.
（はい，そうです。）　　（いいえ，その必要はありません。）

・「～しなければならない」と伝えたいときには，have　to＋動詞の原形を
　使って表す。have toのあとに続く動詞は，いつも原形になる。
・主語が３人称単数のときは，「has　to＋動詞の原形」になる。
・「～しなければならなかった」のように過去のことをいいたいときは，
　haveの過去形had を使って，「had　to＋動詞の原形」の形になる。
・「don't〔doesn't〕 have　to＋動詞の原形」で，「～しなくてもよい」「～
　する必要はない」という意味になる。
・「～しなければなりませんか」とたずねるとき，Doで文を始める。主語が
　３人称単数のときはDoesで文を始める。

基礎を固めよう

1. 次の英文の日本語として適切なものを選び，記号で答えましょう。

① I have to practice the piano.

    ア　わたしはピアノの練習をしなければなりません。
    イ　わたしはピアノの練習をすることができます。　　　（　　　）

② I don't have to play the guitar.

    ア　わたしはギターをひかなければなりません。
    イ　わたしはギターをひかなくてもよいです。　　　　（　　　）

2. 次の文を日本語にしましょう。

① Emi has to go shopping.

エミは（　　　　　　　　　　　　　　　　　）。

② They had to study English.

彼らは（　　　　　　　　　　　　　　　　　）。

③ James and Ben have to take a picture in the park.

ジェームズとベンは（　　　　　　　　　　　　　　）。

解答

1.　① ア　② イ
2.　①エミは（買い物に行かなければなりません）。　②彼らは（英語を勉強しなければなりませんでした）。
　　③ジェームズとベンは（公園で写真を撮らなければなりません）。

1 次の文を日本語にしましょう。

① I have to study Chinese now.

(）

② She doesn't have to go to the hospital.

(）

③ Does he have to play the piano?

have to ～の疑問文

(）

— No, he doesn't have to.

～しなくてもよい

(）

2 次の（　）から適切な語を選び，下線部に書きましょう。

① I _____ to go there.

(have, has)

② Ben _____ have to study hard.

(don't, doesn't)

③ _____ Mary have to drive a car?

Maryは3人称単数

(Do, Does)

④ He had to _____ this book.

(read, reads, reading)

1 次の文をhave to, had toを使った文に書きかえましょう。

① She understood him.

_____

② Do you go shopping?

_____

③ They don't climb the mountain.

_____

2 次の文を（　　）の指示に従って英語にしましょう。

① わたしは昨日，家にいなければなりませんでした。　（ had to を使って）

_____

② あなたは写真を撮らなくてもよいです。　（ don't have to を使って）

_____

③ わたしはピアノをひかなければなりませんか。　（ have to を使って）

_____

― いいえ，その必要はありません。

― _____

✎ have(has) to ～の to のあとは必ず動詞の原形がくるよ。

基本を学ぼう

文の形

You must **play** the piano.
原形
（あなたはピアノをひかなければなりません。）

You must not[mustn't] **play** the piano.
原形
（あなたはピアノをひいてはいけません。）

Must I **play** the piano?
原形
（わたしはピアノをひかなければなりませんか。）

Yes, you must. / No, you don't have to.

（はい，ひかなければなりません。）（いいえ，ひかなくてよいです。）

働き

・「〜しなければならない」を伝えたいときは，「have to＋動詞の原形」の
　ほかにmustを使っていうこともできる。
・mustのあとに続く動詞は，いつも原形になる。
・「〜してはならない」のように強い禁止を伝えたいときは，
　must not[mustn't]の形になる。
・mustの疑問文はmustで文を始める。答えるときは，Yesならmust
　を使い，Noならdon't have toを使って答える。

「〜しなければならない」という意味のhave toは
周りの状況から事実を伝えるときに使い，mustは
話し手自身の意思や気持ちを表すときに使うよ。

このSTEPに出てくる重要語句

① go there　そこへ行く　② come here　ここへ来る

基礎を固めよう

1. 次の英文の日本語として適切なものを選び，記号で答えましょう。

① You must get up early.

ア　あなたは早く起きるかもしれません。

イ　あなたは早く起きなければなりません。　　　　　（　　　）

② Must I go there?

ア　わたしはそこに行かなければなりません。

イ　わたしはそこに行かなければなりませんか。　　　（　　　）

2. 次の文を日本語にしましょう。

① I must open the window.

わたしは（　　　　　　　　　　　　　　　　）。

② You must not close the door.

あなたは（　　　　　　　　　　　　　　　　）。

③ Must I read the book?

わたしは（　　　　　　　　　　　　　　　　　　）。

—Yes, you must.

—はい，（　　　　　　　　　　　　）。

—No, you don't have to.

—いいえ，（　　　　　　　　　　　　　　）。

解答

1. ① イ　② イ
2. ①私は（窓を開けなければなりません）。
②あなたは（ドアを閉めてはいけません）。
③私は（その本を読まなければなりませんか）。—はい，（読まなければなりません）。
　　　　　　　　　　　　　—いいえ，（読まなくてもよいです〔読む必要はありません〕）。

1 次の文を日本語にしましょう。

① I must drive a car.

(   )

② Must I do my homework?

(   )

—Yes, you must.

—(   )

③ He must be busy.
　　　　　 ～にちがいない

(   )

④ You mustn't do it.
　　　　　 must notの短縮形　～してはいけない（強い禁止）

(   )

2 次の文をhave(has) to ～を使った文に書きかえましょう。

① He must study hard.

_____

② She must play the piano.

_____

③ They must get up early.

_____

 mustには「～にちがいない」の意味もあるよ。

1 次の文をmustを使った文に書きかえましょう。

① He studies Japanese.
動詞の原形に注意

_____

② She is happy.

_____

③ We clean the rooms.

_____

④ They run fast.

_____

2 次の文を英語にしましょう。

① わたしはここで日本語を話さなければなりません。　　（mustを使って）

_____

② あなたはこの箱を開けてはいけません。　　（mustを使って）

_____

③ わたしはここに来なければなりませんか。　　（mustを使って）

_____

― いいえ，来なくてもよいです。

― _____

may / Can I ～?

文の形

It may **rain** tonight.
原形
（今夜，雨が降るかもしれません。）

It may not **rain** tonight.
原形
（今夜，雨が降らないかもしれません。）

May I **play** the piano ?
原形
（ピアノをひいてもよろしいですか。）

Can I **play** the piano?
原形
（ピアノをひいてもよいですか。）

働き

・「～かもしれない」と伝えたいときは，「may＋動詞の原形」の形になる。
・「～ないかもしれない」と伝えたいときは，「may not＋動詞の原形」の形になる。
・「～してもよろしいですか」のように相手にていねいに許可を求めたいときは，May I～?の形になる。
・「～してもよいですか」と相手に許可を求めたいときは，Can I～?の形になる。
・May I～?は，Can I～?よりもていねいな表現。

もっとくわしく ■May I～? ／ Can I～?に対する答え方

許可する	許可しない
Sure. / Of course.　もちろん。	Sorry [I'm sorry] , you can't.
All right. / OK.　いいですよ。	すみません，できません。
No problem.　問題ないです。	

単語力 UP

このSTEPに出てくる重要語(句)

① go out　外出する　② true　本当の　③ angry　怒った

基礎を固めよう

1. 次の英文の日本語として適切なものを選び，記号で答えましょう。

① He may call you.

ア　彼はあなたに電話をするかもしれません。
イ　彼はあなたに電話をすることができます。　　　　　（　　　）

② May I wash the car?

ア　わたしは車を洗わなければなりませんか。
イ　車を洗ってもよろしいですか。　　　　　　　　　　（　　　）

2. 次の文を日本語にしましょう。

① You must play tennis.
あなたは（　　　　　　　　　　　　　　　　　　　）。

② May I speak in Japanese?
（　　　　　　　　　　　　　　　　　　　　　　　）。
―Yes, please.
―（　　　　　　　　　　　　　　　　　）。

③ He may be tired.
　　　～かもしれない
彼は（　　　　　　　　　　　　　　　　　　　　　　）。

 in Japaneseは「日本語で」という意味になるよ。

1. ① ア　② イ
2. ①あなたは（テニスをしなければなりません）。　②（日本語で話してもよろしいですか）。
　―（はい，どうぞ）。　③彼は（疲れているかもしれません）。

33

リピートプリント ⑪

1 次の文の（　　）から適切な語を選び，○で囲みましょう。

① (May, Do, Did) I sit here?　　―Sure.

② He (is, may, do) not use this bike.

③ (Can, Do, Did) I eat this apple?　―Sorry, you can't.

2 次の（　　）の語〔句〕を並べかえて，意味の通る文にしましょう。

① (tomorrow / cold / it / may / be / not / .)

_____

② (sing / Ken / may / a song / not / .)

_____

③ (she / angry / may / be / .)

_____

④ (I / this book / may / read / ?)

_____

 cold（寒い）などの寒暖を表すとき，主語は it になるよ。

1 次の（　　）の指示に従って，文を完成させましょう。

① May I go with you?　　　　　　　　　　（ほぼ同じ内容に）

　　　_____ I go with you?

② May I speak Japanese here?

　　　　　　　　　（「すみません，できません」と答える）

Sorry, _____ _____.

③ She is kind.　　　　　　　（「〜かもしれない」という文に）

She _____ _____ kind.

2 次の文を英語にしましょう。

① 彼は泳ぎに行かないかもしれません。

_____

② それは本当かもしれません。
　　　　本当の true

_____

③ 外出してもよろしいですか。

_____

—すみません，できません。

— _____

STEP 07 Can you 〜? / Could you 〜? Shall I 〜? / Shall we 〜?

文の形

Can	you	open 原形	the	window?	（窓を開けてくれますか。）
Could	you	open 原形	the	window?	（窓を開けていただけますか。）
Shall	I	open 原形	the	window?	（窓を開けましょうか。）
Shall	we	have 原形	lunch?		（いっしょにお昼を食べましょうか。）

働き

- 「〜してくれますか」と相手にお願いしたいとき，Can you 〜?の形になる。
- 「〜していただけますか」のように相手にていねいにお願いしたいときは，Could you 〜?の形になる。目上の人や知らない人との会話を含めて，幅広く使える表現。
- 「（わたしが）〜しましょうか」と相手に申し出るとき，Shall I 〜?の形になる。
- 「（いっしょに）〜しましょうか（しませんか）」と相手をさそったり，いっしょにできることを提案したりするとき，Shall we 〜?の形になる。

もっとくわしく ■Can you 〜? / Could you 〜?に対する答え方

Sure. / Of course. （もちろん。）	OK. （はい，いいですよ。）
All right. （いいですよ。）	No problem. （問題ないです。）
Sorry〔I'm sorry〕, I can't. （すみません，できません。）	

■Shall I 〜?に対する答え方

Yes, please. （はい，お願いします。）	No, thank you. （いいえ，結構です。）

■Shall we 〜?に対する答え方

Yes, let's. （はい，そうしましょう。）	No, let's not. （いいえ，やめておきましょう。）
OK. （はい，いいですよ。）	Sure. （もちろん。）
Sounds good. （いいですね。）	That's a good idea. （いい考えですね。）

基礎を固めよう

1. 次の英文の日本語として適切なものを選び, 記号で答えましょう。

① Can you help me?

    ア　わたしを手伝ってくれますか。
    イ　あなたを手伝いましょうか。   （　　　）

② Shall we run in the park?

    ア　公園の中を走ってくれますか。
    イ　公園の中を走りましょうか。   （　　　）

2. 次の文を日本語にしましょう。

① Can you make a cake?　　　　—Sure.
   ケーキを（　　　　　　　　　　　）。—もちろん。

② Could you drive the car?　　　—Sorry, I can't.
   車を（　　　　　　　　　　　　）。—すみません, できません。

③ Shall I clean the room?　　　　—Yes, please.
   部屋を（　　　　　　　　　　　）。—はい, お願いします。

④ Shall we play baseball?　　　　—No, let's not.
   野球を（　　　　　　　　　　　）。—いいえ, やめておきましょう。

解答

1. ① ア　② イ
2. ①ケーキを（作ってくれますか）。　　②車を（運転していただけますか）。
　 ③部屋を（そうじしましょうか）。　　④野球を（（いっしょに）しましょうか〔しませんか〕）。

1 次の文を日本語にしましょう。

① Could you sit down?　—Sure.

（　　　　　　　　　　）—（　　　　　　　　　　）

② Can you stand up?　—Sorry, I can't.

（　　　　　　　　　　）—（　　　　　　　　　　）

③ Shall I help you?　—Yes, please.

（　　　　　　　　　　）—（　　　　　　　　　　）

④ Shall we go home?　—No, let's not.

（　　　　　　　　　　）—（　　　　　　　　　　）

2 次の日本文に合うように，下線部に適切な語を入れましょう。

① ゆっくり話してくださいますか。

＿＿＿＿＿＿ ＿＿＿＿＿＿ ＿＿＿＿＿＿ slowly?

② いっしょにテニスをしましょうか。

＿＿＿＿＿＿ ＿＿＿＿＿＿ ＿＿＿＿＿＿ tennis?

③ 速く歩きましょうか。

＿＿＿＿＿＿ ＿＿＿＿＿＿ ＿＿＿＿＿＿ quickly?

—はい，お願いします。

—Yes, ＿＿＿＿＿＿＿.

1 次の（　）の指示に従って，文を完成させましょう。

① Could you close the window? (「すみませんが，できません」と答える)

＿＿＿＿＿＿, ＿＿＿＿＿＿ ＿＿＿＿＿＿.

② Shall we dance together?　(「はい，そうしましょう」と答える)

＿＿＿＿＿＿, ＿＿＿＿＿＿.

③ Please clean the room. (Can you～?を使って「～してくれますか」の文に)

＿＿＿＿＿＿ ＿＿＿＿＿＿ ＿＿＿＿＿＿ the room?

④ I tell you an interesting story. (「(わたしが) ～しましょうか」の文に)

＿＿＿＿＿＿ ＿＿＿＿＿＿ tell you an interesting story?

2 次の文を英語にしましょう。

① わたしを手伝ってくださいませんか。

＿＿＿＿＿＿＿＿＿＿＿＿＿＿＿＿＿＿＿＿＿＿＿＿＿＿＿

② 歌を歌ってくれますか。

＿＿＿＿＿＿＿＿＿＿＿＿＿＿＿＿＿＿＿＿＿＿＿＿＿＿＿

③ いっしょに動物園に行きましょうか。

＿＿＿＿＿＿＿＿＿＿＿＿＿＿＿＿＿＿＿＿＿＿＿＿＿＿＿

—いいえ，やめておきましょう。

—＿＿＿＿＿＿＿＿＿＿＿＿＿＿＿＿＿＿＿＿＿＿＿＿＿＿＿

STEP 08 will

基本を学ぼう

文の形

I will **go** to the park tomorrow.
原形
　　　　　（わたしは明日公園に行くつもりです。）

It will **be** rainy tomorrow.
原形
　　　　　（明日は雨が降るでしょう。）

Will he **go** to the park tomorrow ?
原形
　　　　　（彼は明日公園に行くでしょうか。）

Yes, he will. / No, he will not[won't].
（はい，行くでしょう。）（いいえ，行かないでしょう。）

He won't go to the park tomorrow.
　　　　　（彼は明日公園に行かないでしょう。）

働き

- 「1人称(I/we)＋will＋動詞の原形」は，「わたし(たち)は～するつもりです／～します」と今その場で決めた意志や判断したことを伝えたいときに使う。
- willの疑問文はwillで文を始め，「～するでしょうか／～しますか」のように，意志や予測していることをたずねるときに使う。
- willの否定のwill notは，「～しないでしょう／～しません」と伝えたいときに使う。
- will notは，短縮形のwon'tがよく使われる。

もっと
くわしく　　■willの短縮形

I will	→	I'll
you will	→	you'll
he will	→	he'll
she will	→	she'll

it will	→	it'll
we will	→	we'll
they will	→	they'll

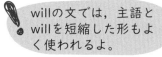

willの文では，主語とwillを短縮した形もよく使われるよ。

基礎を固めよう

1. 次の英文の日本語として適切なものを選び，記号で答えましょう。

① I will go to the library tomorrow.

　　ア　わたしは明日図書館に行くつもりです。
　　イ　わたしは明日図書館に行きました。　　　　　　　　（　　　）

② Will she play tennis after school?

　　ア　彼女は放課後テニスをするでしょうか。
　　イ　彼女は放課後テニスをしましたか。　　　　　　　　（　　　）

2. 次の文を日本語にしましょう。

① I will go to the museum tomorrow.
　　　　　　　　　　　　　博物館
　わたしは明日（　　　　　　　　　　　　　　　　　）。

② He won't study Chinese tomorrow.
　　　　will notの短縮形　　　中国語
　彼は明日（　　　　　　　　　　　　　　　　　）。

③ Will Kumi help him tomorrow?　 —Yes, she will.
　クミは明日（　　　　　　　　　　　）。—はい，手伝うでしょう。

④ Will they wash the dishes tomorrow?　—No, they will not.
　彼女らは明日（　　　　　　　　　　　）。—いいえ，洗わないでしょう。

解答

1. ①　ア　　②　ア
2. ①私は明日（博物館に行くつもりです）。　　②彼は明日（中国語を勉強しないでしょう）。
　③クミは明日（彼を手伝うでしょうか）。　　④彼女らは明日（皿を洗うでしょうか）。

1 次の文を日本語にしましょう。

① I'll go to the zoo next week.
I willの短縮形　　　　　　動物園

(　　　　　　　　　　　　　　　　　　　　　　　　　)

② He won't visit Tokyo next Friday.
　　　will notの短縮形

(　　　　　　　　　　　　　　　　　　　　　　　　　)

③ Will she swim next month? —Yes, she will.

(　　　　　　　　　　　　) —(　　　　　　　　　)

④ Will Mike and Ben go to Japan this weekend?
　　　　　　　　　　　　　　　　　　　　　　今週末

(　　　　　　　　　　　　　　　　　　　　　　　　　)

—No, they won't.

—(　　　　　　　　　　　　　　　　　　　　　　　　)

2 次の(　　)の語を並べかえて, 意味の通る文にしましょう。

① (will / best / I / my / do / .)

_____

② (won't / Tokyo / next / visit / he / year / .)

_____

③ (to / next / she / will / month / go / Japan / ?)

_____

リピートプリント ⑯

1 次の文をwillを使った文に書きかえましょう。

① I see her.

_____

② You don't walk in the park.

_____

③ Does Ken study English?

_____

2 次の文の（　）から適切な語を選び, ◯で囲みましょう。

① (Does, Are, Will) he call me tomorrow?

② Will Mia (visit, visits, visited) you next Sunday?

No, she (doesn't, isn't, won't).

③ It (isn't, doesn't, won't) be hot tomorrow.

 willは天候などを予測するときなどにも使われるよ。

STEP 09 be going to

基本を学ぼう

I **am** going to **play** tennis tomorrow.
原形
（わたしは明日テニスをするつもりです。）

I **am** not going to **play** tennis tomorrow.
I'm
原形
（わたしは明日テニスをするつもりはありません。）

Is Ann going to **play** tennis tomorrow?
原形
（アンは明日テニスをするつもりですか。）

Yes, she is. / No, she isn't[she's not.]
（はい，するつもりです。）（いいえ，そのつもりはありません。）

働き

・「〜するつもりです」のように，すでに決まっている予定や計画していることを伝えたいときは，be going to〜という表現を使う。

・「〜するつもりはありません」と未来にするつもりのないことを伝えたいときは，be動詞のあとにnotを入れる。

・「〜するつもりですか」のように未来の予定や計画についてたずねたいときは，be動詞で文を始める。

・be going to〜の疑問文には，be動詞を使って答える。

単語力 UP

このSTEPに
出てくる重要語（句）

① next year　　来年

② next week　　来週

③ next month　　来月

④ after school　放課後

⑤ do one's best　最善をつくす

⑥ tomorrow　　明日

⑦ this weekend　今週末

基礎を固めよう

1. 次の英文の日本語として適切なものを選び，記号で答えましょう。

① I am going to play baseball this weekend.

    ア　わたしは今週末野球をするつもりです。

    イ　わたしは今週末野球をしているところです。　　　　（　　　）

② They are going to play tennis.

    ア　彼らはテニスをするつもりです。

    イ　彼らはテニスをすることができます。　　　　　　（　　　）

2. 次の文を日本語にしましょう。

① I am going to go shopping after school.

    わたしは放課後（　　　　　　　　　　　　　　）。

② Ken is going to visit Australia next year.

    ケンは来年（　　　　　　　　　　　　　　）。

③ They aren't going to cook dinner tomorrow.

    彼女たちは（　　　　　　　　　　　　　　）。

 be going to 〜のbeは，主語によって使い分けるんだよ。

 解答
1. ① ア　② ア
2. ①私は放課後（買い物に行くつもりです）。　　②ケンは来年（オーストラリアを訪れるつもりです）。
  ③彼女たちは（明日夕食を作るつもりはありません）。

1 次の文をbe going toを使った文に書きかえましょう。

① I go shopping.

_____

② She doesn't get up at six.

_____

③ Do they cook dinner?

_____

—Yes, they do.

—_____

2 次の日本文に合うように，下線部に適切な語を入れましょう。

① わたしは彼女を訪問するつもりです。

I _____ _____ _____ visit her.

② マイクは全力を尽くすつもりです。

Mike _____ _____ _____ do his best.

③ エマは今夜英語を勉強するつもりはありません。

Emma _____ _____ _____ study English tonight.

リピートプリント ⑱

1 次の文の（　）から適切な語を選び，〇で囲みましょう。

① (Do, Are, Is) you going to stay home next week?

② We (isn't, doesn't, aren't) going to play soccer after school.

③ Is Nancy going to buy a new bike next month?

　—Yes, she (is, does, was).

2 次の文を be going to を使って英語にしましょう。

① わたしは明日部屋をそうじするつもりです。

_____

② ケンは来年オーストラリアを訪れるつもりですか。

_____

いいえ，そのつもりはありません。

_____

 be going toの疑問文には，be動詞を使って
答えるよ。

確認テスト2

1 例にならって，次の動詞を未来を表す形にしましょう。

（各2点×4＝8点）

例 plays ⇒ will play

① make ⇒ _____

② cleans ⇒ _____

③ washed ⇒ _____

④ went ⇒ _____

2 次の2つの文がほぼ同じ内容になるように，下線部に適切な語を書きましょう。

（各4点×3＝12点）

① I will watch TV after dinner.

I _____ _____ _____ watch TV after dinner.

② Aya has to clean the room.

Aya _____ clean the room.

③ May I go with you?

_____ _____ go with you?

3 次の文の（　　）から適切な語を選び，下線部に書きましょう。

（各4点×4＝16点）

① I ＿＿＿＿＿＿ going to swim after school.

(is, am, be)

② He may ＿＿＿＿＿＿ tired.

(is, am, be)

③ She ＿＿＿＿＿＿ go to the park.

(isn't, don't, won't)

④ Will Tom ＿＿＿＿＿＿ Mary tomorrow?

(help, helps, helped)

4 次の文を日本語にしましょう。

（各4点×3＝12点）

① Could you help me?

わたしを（　　　　　　　　　　　　）。

② Shall we play tennis in the park?

テニスを（　　　　　　　　　　　　）。

③ Shall I go with you?

あなたと（　　　　　　　　　　　　）。

5 次の文を（　　）の指示に従って書きかえましょう。(各4点×3＝12点)

① Ken and Mike drive the car. 　（be going to を使う）

_____

② He has to wash the car. 　　（疑問文に）

_____

③ She has an English book. 　　（否定文に）

_____

6 次の日本文に合うように，下線部に適切な語を入れましょう。

(各4点×4＝16点)

① わたしはここでは英語を話さなければなりません。

I _____ _____ speak English here.

② ドアを閉めてくれますか。

_____ _____ close the door. —Sure.

③ そこに行ってもいいですか。

Can _____ _____ there? —Sorry, you can't.

④ それをもう一度言っていただけませんか。

_____ _____ say that again?

7 次の対話文を完成させましょう。 　　　　　　(各4点×3＝12点)

① A : ＿＿＿＿＿＿ ＿＿＿＿＿＿ use this pen?

　 B : Sorry, you can't.

② A : ＿＿＿＿＿＿ ＿＿＿＿＿＿ go there?

　 B : No, you don't have to.

③ A : ＿＿＿＿＿＿ she go to China next year?

　 B : Yes, she will.

8 次の（　）の語〔句〕を並べかえて，意味の通る文にしましょう。
　　　　　　(各4点×3＝12点)

① わたしは明日テニスをするつもりです。
(tennis / tomorrow / I'm / to / play / going / .)

＿＿＿＿＿＿＿＿＿＿＿＿＿＿＿＿＿＿＿＿＿＿＿＿＿

② 今夜テレビで野球の試合を見ましょうか。
(on TV / tonight / we / watch / shall / a baseball game / ?)

＿＿＿＿＿＿＿＿＿＿＿＿＿＿＿＿＿＿＿＿＿＿＿＿＿

③ この箱を運んでいただけますか。
(box / carry / could / this / you / ?)

＿＿＿＿＿＿＿＿＿＿＿＿＿＿＿＿＿＿＿＿＿＿＿＿＿

Did you know?

　食事を意味する単語には次のものがあるわ。mealは「食事」を意味する一般的な語。時間によってbreakfast（朝食），lunch（昼食），supper（夕食）と使い分けるのよ。dinnerは一日のうちの主要な食事のこと。休みの日に昼食が主要な食事のときは昼食をdinner，夕食をsupperというのよ。

接続詞 if

基本を学ぼう

文の形

I'll help you if you are busy.

If you are busy, I'll help you.

（もしあなたが忙しいなら，わたしはあなたを手伝います。）

働き

・「もし～ならば…」と**条件を伝えたいとき**は，接続詞の**if**を使う。
・接続詞は文と文をつなぐはたらきをする。
・if の文（ifのすぐあとに続く部分）は，文の前半に置くことも，後半に置くこともできる。
・文の前半に置くときは，前後をコンマ（,）で区切る。

「もし～ならば」という条件を表す部分は，未来のことでも現在形で表すよ。

○ If it is sunny tomorrow, we'll visit the zoo.
　　　（もし明日晴れたら，わたしたちは動物園を訪れます。）
✕ If it will be sunny tomorrow, we'll visit the zoo.

基礎を固めよう

次の英文の日本語として適切なものを選び，記号で答えましょう。

If your brother is at home today, I will go to your house.

　ア　あなたのお兄さんが今日家にいるので，わたしはあなたの家に行きます。
　イ　あなたのお兄さんが今日家にいるならば，わたしはあなたの家に行きます。

（　　）

 解答

　イ

1 次の文を日本語にしましょう。

① If you don't run fast, you will be late.

(　　　　　　　　　　　　　　　　　　　　　　　　　　)

② I will go shopping if it is fine.

(　　　　　　　　　　　　　　　　　　　　　　　　　　)

③ Please eat this cake if you are hungry.

(　　　　　　　　　　　　　　　　　　　　　　　　　　)

2 次の2文を，ifを用いて1文に書きかえましょう。

① It will rain next Sunday.　　I will stay home.

_____ _____ _____ next Sunday,

I _____ stay home.

② You have a question.　　Please ask me.
　　　　　　　　質問

_____ _____ _____ a question,

please ask me.

 ifやwhen（とき）のように，条件や時を表す接続詞
の後ろでは未来のことも現在形を使って表すよ。

接続詞 when

基本を学ぼう

文の形

He visited Kobe when he was in Japan.

When he was in Japan, he visited Kobe.

（彼は日本にいたとき，神戸を訪れました。）

働き

- 「～のとき…」と伝えたいときは，接続詞のwhenを使う。
- whenは，「時」を表す接続詞。
- whenの文（whenのすぐあとに続く部分）は，文の前半に置くことも，後半に置くこともできる。
- 文の前半に置くときは，前後をコンマ（,）で区切る。

「～のとき」という時を表す部分は，未来のことでも現在形で表すよ。

○ When they come here tomorrow, I'll show this picture.
（彼らが明日ここに来るとき，わたしはこの絵を見せるつもりです。）
✕ When they will come here tomorrow, I'll show this picture.

基礎を固めよう

次の英文の日本語として適切なものを選び，記号で答えましょう。

My father went to America when he was young.

ア 父がアメリカへ行ったとき，父はまだ若かった。

イ わたしの父は，若いときアメリカへ行きました。 （　　）

解答

イ

1 次の文を日本語にしましょう。

① I saw her when I went to the library.

(　　　　　　　　　　　　　　　　　　　　　　　　　　)

② He was studying when she came home.
　　　　　　　　　　　　　　　　　帰宅する

(　　　　　　　　　　　　　　　　　　　　　　　　　　)

③ When I was a child, I lived in Sendai.
　　　　　　　　　子ども

(　　　　　　　　　　　　　　　　　　　　　　　　　　)

④ When did you study?

(　　　　　　　　　　　　　　　　　　　　　　　　　　)

2 次の文を英語にしましょう。

① 彼が公園に行ったとき，彼女はテニスをしていました。

_____

② わたしは幸せなとき，彼女に電話をします。

_____

③ あなたはいつテニスをしますか。

_____

── わたしは毎週日曜日にテニスをします。

── _____

> whenで始まる疑問文は「いつ〜」の意味で，
> ？がつくね。接続詞のwhenと区別をしよう。

疑問詞でつまずいた場合，(**1** ④, **2** ③) 1年 STEP20・21(P.96, P.100)

STEP 12 接続詞 because

文の形

I didn't go there because I was busy.

（わたしは忙しかったので，そこに行きませんでした。）

Why do you study English?

（あなたはなぜ英語を勉強するのですか。）

Because I live in London now.

（なぜならば，わたしは今ロンドンに住んでいるからです。）

働き

・「（なぜなら）～だから」と**理由を伝えたいとき**は，接続詞becauseを使う。

・because ～は，ふつう文の後半に置く。

・「Why ～？（なぜ）」の疑問文に対して理由を答えるときは，
「Because ～．（なぜなら）」がよく使われる。

基礎を固めよう

次の英文の日本語として適切なものを選び，記号で答えましょう。

① She often goes to the sea because she likes swimming.

ア　彼女は海が好きなので，たびたび海に泳ぎに行きます。

イ　彼女は水泳が好きなので，たびたび海へ行きます。　　　（　　）

② He didn't go to school because he was sick.

ア　彼は学校に行かなかったので病気だったのでしょう。

イ　彼は病気だったので学校に行きませんでした。　　　（　　）

解答

① イ　② イ

1 次の文を日本語にしましょう。

① I can't go out because I have a lot of homework.

( )

② I opened the window because it was hot.

( )

③ Why does she read this book?

( )

—Because it's very interesting.

—( )

2 次の2文を，becauseを用いて1文に書きかえましょう。

① I caught a cold.　　I stayed home.
かぜをひく

I stayed home ＿＿＿＿＿ ＿＿＿＿＿ ＿＿＿＿＿ a cold.

② It was Sunday.　　He didn't go to school.

He didn't go to school ＿＿＿＿＿ ＿＿＿＿＿ ＿＿＿＿＿ Sunday.

 becauseのすぐ後ろに続く部分が，理由の内容になるよ。

 疑問詞でつまずいた場合，（**1** ③）　　1年 STEP20・21(P.96, P.100)

STEP 13 接続詞 that

基本を学ぼう

文の形

I   know that he can swim well.
（わたしは彼が上手に泳げることを知っています。）

I   think that Emi is right.
（わたしはエミが正しいと思います。）

He says that he is from America.
（彼はアメリカの出身であると言っています。）

働き

・「わたしは〜と思う」などのように考えや意見を伝えたいときは，接続詞 that を使い，think や know などの動詞のあとに続ける。

・接続詞 that は省略することができる。

もっとくわしく ■接続詞 that といっしょに使われる動詞

think （〜と思う）	know （〜と知っている）
hear （〜と聞いている）	hope （〜と願う）
say （〜と言う）	believe （〜と信じている）

基礎を固めよう

次の英文の日本語として適切なものを選び，記号で答えましょう。

I know that he can play the piano.

　ア　わたしは彼がピアノをひくことができることを知っています。

　イ　わたしは彼がピアノをひくことができないことを知っています。

（　　）

解答
　ア

58

1 次の2文を，thatを用いて１文に書きかえましょう。

① They live in Okinawa.　I know that.

_____

② She likes cats.　Lucy says that.

_____

2 次の文を日本語にしましょう。

① I know that he can speak English.

わたしは彼が（　　　　　　　　　　　　　　　）。

② He thinks that she can swim well.

彼は彼女が（　　　　　　　　　　　　　　　）。

③ I think that you are right.

わたしはあなたが（　　　　　　　　　　　　　　　）。

④ I will go if she goes.

わたしはもし，（　　　　　　　　　　　　　　　）。

基本を学ぼう

文の形

This is a very nice car. （これはとてもすてきな車です。）
形容詞　名詞

What a nice car this is! （これはなんてすてきな車なのでしょう！）

It is very hot. （とても暑いです。）
形容詞

How hot it is! （なんて暑いのでしょう！）

働き

・「なんて～なんでしょう！」と驚きや感動の気持ちを表したいときは，
　What ～！やHow ～！の形を使う。このような文を**感嘆文**という。
・Whatを使った感嘆文は〈What＋名詞を含む語句！〉で，Howを使っ
　た感嘆文は〈How＋形容詞または副詞！〉の形になる。

 何の話題かわかっている場合は，主語と動詞を省略する
 こともできるんだ。
How wonderful that is！→ How wonderful！

基礎を固めよう

次の英文のうち英文として正しくないものを選び，記号で答えましょう。

　ア What a hot day!　　イ How pretty birds!
　ウ What a good girl!　　エ How exciting!

（　　）

　イ

リピートプリント ㉓

1 次の文を日本語にしましょう。

① How cold it is!

(   )

② What a long bridge!
　　　　　　　　橋

(   )

③ What easy books these are!
　　　　　　　　　　　これらは（複数形）

(   )

④ How interesting this book is!

(   )

2 次の文を英語にしましょう。

① これはなんて古いのだろう。

_____

② これはなんて古い絵なんだろう。
　　　　　　　　名詞

_____

③ 彼はなんて騒がしいのだろう。
　　　　　　　noisy

_____

④ 彼はなんて騒がしい少年なんだろう。
　　　　　　　　　名詞

_____

What 〜！の文では，名詞の複数形が続くこともあるよ。

確認テスト3

時間 **40**分 　 /**100**点

1 次の文を日本語にしましょう。　　　　　　　(各4点×4＝16点)

① If you don't run fast, you will be late.
(　　　　　　　　　　　　　　　　　　　　　　　　　　　　)

② I know that he can swim well.
(　　　　　　　　　　　　　　　　　　　　　　　　　　　　)

③ I think your answer is right.
　　　　　　　　　　　　正しい
(　　　　　　　　　　　　　　　　　　　　　　　　　　　　)

④ They are absent because they are ill.
　　　　　　欠席して
(　　　　　　　　　　　　　　　　　　　　　　　　　　　　)

2 次の(　　)の語[句]を並べかえて，意味の通る文にしましょう。
　　　　　　　　　　　　　　　　　　　　　　　(各3点×4＝12点)

① (lives / know / I / in Tokyo / he / that / .)
_____

② (think / is / I / she / honest / .)
_____

③ (the sea / you / let's / free / go / if / are / to / .)
_____

④ (because / he / he / tired / quickly / was / walked / .)
　　　　　　　　　　　　　　　　すばやく
_____

3 次の①〜④の文に続く文をア〜エの中から選び，記号を（ ） に書きましょう。 （各3点×4＝12点）

① I know （ ）

② He is very tired （ ）

③ You must study hard （ ）

④ I will help you （ ）

ア because he worked hard. イ when you are young.
ウ if you are busy. エ that he is kind.

---

4 次の文を英語にしましょう。 （各4点×3＝12点）

① 彼はわたしがテニスをすることができることを知っています。

_____

② この物語はなんておもしろいんだろう。
　　story

_____

③ あなたはなぜ新しい自転車がほしいのですか。

_____

—なぜならわたしの自転車はとても古いからです。

— _____

5 次の①〜④の文に続く文を ⬚ の中から適切なものを選び，下線部にその文を書きましょう。 (各3点×4＝12点)

① I call my friend _____.

② He was studying English _____.

③ She was reading a book _____.

④ My friend gave me a dog _____

_____.

when she came home	when I saw her
when I was ten years old	when I am happy

6 次の文を接続詞whenを使って英語にしましょう。ただし，whenは文の初めに置くこと。 (各4点×3＝12点)

① 彼は若かったとき，アメリカに住んでいました。

_____

② 彼女が公園に行ったとき，彼は走っていました。

_____

③ 彼は日本にいたとき，神戸 (Kobe) を訪れました。

_____

7 次の文の（　　）から適切な語を選び，下線部に書きましょう。

① I think _____ he is a doctor.

(because, when, that)

② I will go fishing _____ it is fine tomorrow.

(if, that, and)

③ I like English _____ it is interesting.

(when, if, because)

8 次の文の中でwhenをどこに置けばよいか，記号で答えましょう。

① わたしがベンの家に行ったとき，彼は本を読んでいました。

　　ア I went to Ben's house,　イ he was reading a book.

（　　）

② わたしは少年のときに，北海道に住んでいました。

　　ア I lived in Hokkaido　イ I was a boy.

（　　）

③ 彼女が帰って来たとき，わたしはピアノをひいていました。

　　ア I was playing　イ the piano　ウ she came home.

（　　）

Did you know?

バリアフリーやフリーサイズ，フリーダイヤルなどは和製英語なのよ。このフリーを英語に直すとfreeで，「無料」という意味のほかに「自由な」，「～にとらわれない」，「～を免れる」という意味もあるの。○○freeは，「○○がない」という意味でよく使われる表現ね。tax-freeは「免税」，sugar-free「砂糖ゼロ」などがあるわ。

look＋形容詞／ look like＋名詞

基本を学ぼう

文の形

You	look	happy.	（あなたは幸せそうに見えます。）
He	looks	happy.	（彼は幸せそうに見えます。）
He	looked	happy.	（彼は幸せそうに見えました。）

You	look like	a doctor.	（あなたは医者のように見えます。）
He	looks like	a doctor.	（彼は医者のように見えます。）
He	looked like	a doctor.	（彼は医者のように見えました。）

働き

- 「〜に見える」は，動詞 look のあとに happy （幸福な）などの様子を表すことば（形容詞）を続けて表す。
- 「〜のように見える，（見た感じが）〜に似ている」は look like 〜 で表す。like のあとには名詞が入る。
- look like の like は「〜のように [な]」という意味の前置詞で，一般動詞の like とは別の語である。
- look は動詞なので，主語は he や she などの3人称単数のときは looks になる。また，過去のことをいうときは過去形の looked になる。

lookやlikeのあとにくることばが主語を説明しているので，主語とイコールの関係になっているよ。このような主語を補うことばを補語というよ。

単語力 UP

重要な形容詞

① sad	悲しい
② busy	忙しい
③ beautiful	美しい
④ young	若い
⑤ delicious	おいしい

基礎を固めよう

1. 次の英文の日本語として適切なものを選び，記号で答えましょう。

① You look tired.

　　ア　あなたは疲れているように見えます。

　　イ　あなたは疲れている人を見ました。　　　　　　　　（　　　）

② He looked like a teacher.

　　ア　彼は先生が好きなように見えました。

　　イ　彼は先生のように見えました。　　　　　　　　　　（　　　）

2. 次の文を日本語にしましょう。

① You look sad.

　　あなたは（　　　　　　　　　　　　　　　　　　　　）。

② She looked tired.

　　彼女は（　　　　　　　　　　　　　　　　　　　　　）。

③ It looks new.

　　それは（　　　　　　　　　　　　　　　　　　　　　）。

④ You looked like a nurse.

　　あなたは（　　　　　　　　　　　　　　　　　　　　）。

解答

1. ① ア　② イ
2. ①あなたは（悲しそうに見えます）。　　②彼女は（疲れているように見えました）。
　　③それは（新しく見えます）。　　　　④あなたは（看護師のように見えました）。

1 次の文を日本語にしましょう。

① He is happy.

(　　　　　　　　　　　　　　　　　　　　　)

② He looks happy.

(　　　　　　　　　　　　　　　　　　　　　)

③ Your mother looks young.

(　　　　　　　　　　　　　　　　　　　　　)

④ The moon looks like a ball.
　　　　月

(　　　　　　　　　　　　　　　　　　　　　)

2 次の(　　)の語〔句〕を並べかえて, 意味の通る文にしましょう。

① (look / you / busy / .)

_____

② (like / Mike / looked / a singer / .)

_____

③ (a dancer / looked / she / like / .)

_____

④ (looked / they / the sky / at / .)

_____

look likeのあとは名詞がくるんだね。

1 次の文の（　）から適切な語を選び，意味の通る文にしましょう。ただし，記号で答えましょう。

① You look（ア like　イ liked）a singer.　（　）

② This book looked（ア easily　イ easy）.　（　）

③ Mary（ア aren't　イ didn't）look like a nurse.（　）

④ Does he（ア look　イ looks）young?　（　）

2 次の文を英語にしましょう。

① 彼女は若いです。

_____

② 彼女は若く見えます。

_____

③ 彼女は歌手に見えます。

_____

④ 彼女は疲れているようには見えません。

_____

STEP 16 主語＋動詞＋目的語＋目的語

基本を学ぼう

文の形

主語	動詞	目的語1（人）	目的語2（もの・こと）	
I	give	you	a book.	（わたしはあなたに本をあげます。）
I	show	them	a picture.	（わたしは彼らに写真を見せます。）
I	tell	her	the story.	（わたしは彼女にその話を話します。）
I	teach	him	English.	（わたしは彼に英語を教えます。）

働き

- 「（人）に（もの・こと）を与える」は，動詞 give のあとに
  「（人）＋（もの・こと）」の語順で表す。
- 「（人）に（もの・こと）を見せる」は，動詞 show のあとに
  「（人）＋（もの・こと）」の語順で表す。
- 「（人）に（もの・こと）を話す［教える］」は，動詞 tell のあとに
  「（人）＋（もの・こと）」の語順で表す。
- 「（人）に（もの・こと）を教える」は，動詞 teach のあとに
  「（人）＋（もの・こと）」の語順で表す。
- 「人」に代名詞がくるときは，me（わたしに）などの**目的格**になる。

動詞のあとにきて，「〜を・に」を表す語句を
目的語というよ。

 もっとくわしく ■「〜に」を表す to と for

目的語が2つある文は to や for を使って目的語の順序を入れかえることができる。

to を使う動詞	show	give	teach	tell	send
for を使う動詞	buy	cook	make		

基礎を固めよう

1. 次の英文の日本語として適切なものを選び，記号で答えましょう。

① I teach her Japanese.

　ア　わたしは彼女に日本人であると教えます。
　イ　わたしは彼女に日本語を教えます。　　　　　（　　）

② I gave you a book.

　ア　わたしはあなたに本をあげます。
　イ　わたしはあなたに本をあげました。　　　　　（　　）

2. 次の文を日本語にしましょう。

① I gave her a doll.
　わたしは（　　　　　　　　　　　　　　　　　　）。

② I told him an interesting story.
　わたしは（　　　　　　　　　　　　　　　　　　）。

③ I showed him my picture.
　わたしは（　　　　　　　　　　　　　　　　　　）。

④ I taught them English.
　わたしは（　　　　　　　　　　　　　　　　　　）。

解答
1. ① イ　② イ
2. ①わたしは（彼女に人形をあげました）。　　　　②わたしは（彼におもしろい話を話しました）。
　③わたしは（彼にわたしの写真（絵）を見せました）。④わたしは（彼ら〔彼女ら〕に英語を教えました）。

リピートプリント ㉖

1 次の文を日本語にしましょう。

① I showed her my album.

(　　　　　　　　　　　　　　　　　　　　　　　　　　)

② He taught them Chinese.

(　　　　　　　　　　　　　　　　　　　　　　　　　　)

③ She gave him an orange.

(　　　　　　　　　　　　　　　　　　　　　　　　　　)

④ We send her a present.
　　　　 ～を送る

(　　　　　　　　　　　　　　　　　　　　　　　　　　)

2 次の文を例に従って，toを使った文に書きかえましょう。

例 I gave him a book. ⇒ <u>I gave a book to him.</u>

① I give you a doll.

_____

② She showed him her album.

_____

③ Please teach me English.

_____

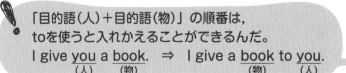

「目的語（人）＋目的語（物）」の順番は，
toを使うと入れかえることができるんだ。
I give <u>you</u> a <u>book</u>.　⇒　I give a <u>book</u> to <u>you</u>.
　　　 （人）　　（物）　　　　　　　　（物）　　　（人）

1 次の2つの文が同じ内容になるように，下線部に適切な語を入れましょう。

例 I teach him English. ⇒ I teach English to him.

① I sent you a letter.
　　　　　　手紙

　　I sent ＿＿＿＿＿ ＿＿＿＿＿ ＿＿＿＿＿ ＿＿＿＿＿.

② He tells you a story.

　　He tells ＿＿＿＿＿ ＿＿＿＿＿ ＿＿＿＿＿ ＿＿＿＿＿.

③ She showed him her picture.

　　She showed ＿＿＿＿＿ ＿＿＿＿＿ ＿＿＿＿＿ ＿＿＿＿＿.

2 次の日本文に合うように，下線部に適切な語を入れましょう。

① わたしはあなたに日本語を教えます。

　　I ＿＿＿＿＿＿ ＿＿＿＿＿＿ Japanese.

② 彼は彼女に本をあげます。

　　He ＿＿＿＿＿＿ a book ＿＿＿＿＿＿ ＿＿＿＿＿＿.

③ 彼女は彼にプレゼントを送りました。

　　She ＿＿＿＿＿＿ a present ＿＿＿＿＿＿ ＿＿＿＿＿＿.

There is(are) 〜 .

基本を学ぼう

There is　　　　　　　a book　on the desk.
　　　　　　　　　　　　　（つくえの上に本があります。）

Is there　　　　　　　a book　on the desk?
　　　　　　　　　　　　　（つくえの上に本がありますか。）

Yes, there is. / No, there isn't.
（はい，あります。）　（いいえ，ありません。）

There is not[isn't]　a book　on the desk.
　　　　　　　　　　　　　（つくえの上に本がありません。）

There are　　　　　　some books　on the desk.
　　　　　　　　　　　　（つくえの上に何冊かの本があります。）

There was　　　　　　a book　on the desk.
　　　　　　　　　　　　　（つくえの上に本がありました。）

働き

・「（ある場所に）〜があります」，「〜がいます」は，There is[are]のあとに，人やものを表す名詞を続ける。
・There is[are] のあとの名詞が単数ならisを，複数ならareを使う。「〜の中」のような場所を表すことばは，文の最後に続ける。
・「（ある場所に）〜がありますか」，「〜がいますか」とたずねたいときは，be動詞で文を始める。答えるときはthere is[are] を使う。
・「（ある場所に）〜はありません」，「〜がいません」は，be動詞のあとにnotを入れる。
・「（ある場所に）〜がありました」，「〜がいました」と過去のことを伝えるときは，There was[were] 〜 .の形になる。

There is[are] 〜 .は「相手が知らないもの」の存在を伝えるときに使うんだ。話し手と聞き手がたがいにどれのことかを特定できるものには使わない。
例 ○ Your book is on the desk.
　　 × There is your book on the desk.

基礎を固めよう

1. 次の英文の日本語として適切なものを選び，記号で答えましょう。

① There is a pencil on the desk.

　　ア　机の上に鉛筆があります。

　　イ　机の上に鉛筆がありません。　　　　　　　　　　（　　　）

② There are three books on the table.

　　ア　テーブルの上に3冊の本があります。

　　イ　テーブルの上に3冊の本がありますか。　　　　　（　　　）

2. 次の文を日本語にしましょう。

① There is a cup on the table.
　　　　　　　　カップ

　テーブルの上に（　　　　　　　　　　　　　　　）。

② There are five boys in the room.

　部屋の中に（　　　　　　　　　　　　　　　）。

③ There was a cat under the desk.

　机の下に（　　　　　　　　　　　　　　　）。

 be動詞を過去にすると，「～がありました」「～がいました」と訳すんだ。

解答

1. ① ア　② ア
2. ①テーブルの上に（カップがあります）。　②部屋の中に（5人の少年がいます）。
　③机の下に（ネコがいました）。

75

リピートプリント ㉘

1 次の文を日本語にしましょう。

① There is a picture on the wall.
　　　　　　　　　　　　壁に

(　　　　　　　　　　　　　　　　　　　　　　　　)

② There were six apples on the table.

(　　　　　　　　　　　　　　　　　　　　　　　　)

③ Were there two books in the bag?

(　　　　　　　　　　　　　　　　　　　　　　　　)

—Yes, there were.

—(　　　　　　　　　　　)

④ There wasn't a book on the desk.

(　　　　　　　　　　　　　　　　　　　　　　　　)

2 例にならって,「～がある〔いる〕」の意味になる文を完成させましょう。

例 a book / on the desk. ⇒ <u>There is a book on the desk.</u>

① a map / on the wall

_____

② an apple / on the table

_____

③ some girls / in the room

_____

1 次の文を（　　）の指示に従って書きかえましょう。

① There is a notebook on the desk.　　　（過去の文に）

_____

② There are some lemons in the basket.　　　（疑問文に）
　　　　　　　　　　　　かご

_____

③ There are some dogs near the tree.　　　（否定文に）

_____

④ There aren't any cats in the room.　　　（日本語に）
　　not any ～「1つ〔1人〕も～ない」

_____

2 次の文を英語にしましょう。

① 部屋の中にいすがあります。

_____

② 壁に地図がかかっています。

_____

③ 公園の中に何人かの少女がいましたか。

_____

―はい, いました。

― _____

someは肯定文に，anyは疑問文・否定文に
使うよ。

確認テスト 4

1 次の文の（ ）から適切な語〔句〕を選び，下線部に書きましょう。
(各2点×5＝10点)

① There _____ a notebook on the desk.
(is, am)

② There _____ some trees near the house.
(was, were)

③ My mother looks _____ a girl.
(like, from)

④ He taught Japanese _____.
(to her, for her)

⑤ I showed a watch _____.
(to him, for him)

2 次の日本文に合うように，下線部に適切な語を入れましょう。
(各3点×3＝9点)

① このケーキはとてもおいしそうに見えます。

This cake _____ _____.

② テーブルの上にコップがあります。

There _____ _____ _____ on the tabie.

③ 彼は彼女にりんごをあげました。

He gave _____ _____ _____.

3 次の2つの文が同じ内容になるように，下線部に適切な語を入れましょう。 (各4点×4＝16点)

① I send you a picture.

I send a picture ＿＿＿＿＿＿ ＿＿＿＿＿＿.

② I showed him my album.

I showed my album ＿＿＿＿＿＿ ＿＿＿＿＿＿.

③ He told her an interesting story.

He told an interesting story ＿＿＿＿＿＿ ＿＿＿＿＿＿.

④ She gave Tom a cake.

She gave a cake ＿＿＿＿＿＿ ＿＿＿＿＿＿.

4 次の（　）の語を並べかえて，意味の通る文にしましょう。 (各4点×4＝16点)

① (boys / are / there / some) in the park.

＿＿＿＿＿＿＿＿＿＿＿＿＿＿＿＿ in the park.

② I played tennis (young / was / when / I).

I played tennis ＿＿＿＿＿＿＿＿＿＿＿＿＿.

③ (kind / boy / what / a) he is !

＿＿＿＿＿＿＿＿＿＿＿＿＿＿＿ he is !

④ I taught (to / English / him).

I taught ＿＿＿＿＿＿＿＿＿＿＿＿＿.

5 次の文を（　　）の指示に従って書きかえましょう。

(各4点×4＝16点)

① There is a book in my bag.　　（a を many にかえて）

_____

② There are some apples in the box.　　（否定文に）

_____

③ There is a dog under the tree.（yesterday を加えて）

_____

④ Were there any stores near the station?（any を a にかえて）

_____

6 次の英文の日本語として適切なものを選び，記号で答えましょう。

(各3点×3＝9点)

① He showed Aki some pictures.

　ア　彼はアキに何枚か写真を見せました。
　イ　彼はアキの写真を何枚か撮りました。　　　　（　　）

② Mr. Smith teaches English to us.

　ア　スミス先生はわたしたちに英語を教えます。
　イ　スミス先生はわたしたちに英語を習います。　　（　　）

③ I gave John a book.

　ア　わたしはジョンに本をあげました。
　イ　わたしはジョンに本をもらいました。　　　　（　　）

7 次の文を （　　）の指示に従って書きかえましょう。

（各4点×3＝12点）

① There are three video games in the room.

（数をたずねる文に）

_____

② This homework looks difficult.　　　　（否定文に）

_____

③ There are some books on the desk.　　（疑問文に）

_____

8 次の（　　）の語〔句〕を並べかえて，意味の通る文にしましょう。

（各4点×3＝12点）

① その女の人は親切そうに見えました。
(the / kind / looked / woman / .)

_____

② 木の下に3台の自転車があります。
(under / are / three / there / the tree / bikes / .)

_____

③ 机の上には一冊の本もありません。
(on / any / aren't / books / there / the desk / .)

_____

Did you know?

ティーンエイジャー（teenager）は「10代の少年・少女」を表しているの。でも、実は11歳と12歳はティーンエイジャーに入らないのよ。11は eleven，12は twelve で teen がつかないからよ。

不定詞(1)＜名詞的用法＞

基本を学ぼう

I like to cook pasta .
目的語

（わたしはパスタをつくることが好きです。）

My dream is to be a doctor .
補語

（わたしの夢は医師になることです。）

To use the internet is fun.
主語

（インターネットを使うことは楽しいです。）

It is fun to use the internet .

（インターネットを使うことは楽しいです。）

働き

- 「〜すること」と伝えたいときは，〈to＋動詞の原形〉を使う。1つの名詞と同じような働きをしているので，「不定詞の名詞的用法」という。
- like to 〜＝「〜することが好きだ」，want to 〜＝「〜することを望む→〜したい」
- 主語が長くならないように，Itを主語にして〈It is ＋形容詞（名詞）〉で文をはじめ，そのあとに「to＋動詞の原形」を続ける。
- 「to＋動詞の原形」が主語になるより，itを主語としてあとに本来の主語である「to＋動詞の原形」を続ける文がよく使われる。

もっと
くわしく　■It is...to 〜 .の文でよく使われる形容詞や名詞

easy （簡単な）	difficult （難しい）
hard （難しい）	fun （おもしろいこと）
interesting （おもしろい）	useful （役に立つ）
important （大切な）	exciting （わくわくさせる）
good （よい）	

基礎を固めよう

1. 次の英文の日本語として適切なものを選び，記号で答えましょう。

① I liked to play tennis.

　ア　わたしはテニスをすることが好きです。
　イ　わたしはテニスをすることが好きでした。　　　　　　（　　　）

② He didn't want to play baseball.

　ア　彼は野球をしたくありません。
　イ　彼は野球をしたくありませんでした。　　　　　　　　（　　　）

2. 次の文を日本語にしましょう。

① She likes to sing a song.
　彼女は（　　　　　　　　　　　　　　　　）。

② They liked to play soccer.
　　　　　過去形
　彼らは（　　　　　　　　　　　　　　　　）。

③ He wants to see her.
　彼は（　　　　　　　　　　　　　　　　）。

④ We wanted to go to America.
　　　　　過去形
　わたしたちは（　　　　　　　　　　　　　　　　）。

  want to 〜は「〜したい」という日本語になるんだ。

1 次の文を日本語にしましょう。

① He can swim well.

(　　　　　　　　　　　　　　　　　　　　　　　　　)

② My hobby is to play tennis.
　　　　　　　　～することです

(　　　　　　　　　　　　　　　　　　　　　　　　　)

③ It is useful to speak Chinese.

(　　　　　　　　　　　　　　　　　　　　　　　　　)

④ I want to be a nurse.
　　　　　　to＋動詞の原形なのでbe 「～になること」

(　　　　　　　　　　　　　　　　　　　　　　　　　)

2 次の(　　)の語〔句〕を並べかえて, 意味の通る文にしましょう。

① (we / go / to / want / there / .)

_____

② (to / don't / tennis / they / play / like / .)

_____

③ (wanted / be / I / to / a doctor / .)

_____

④ (read / interesting / to / is / books / .)

_____

My hobby is ～は「私の趣味は～です」で, ～の部分に
「テニスをすること」などを補うから補語と言うんだよ。

1 次の文の（　）から適切な語を選び，記号で答えましょう。

① I liked to （　　　） a song.

（ア sing　　イ singing ）

② He wants to （　　　） the piano.

（ア plays　　イ play ）

③ To （　　　） French is useful.

（ア speak　　イ spoke ）

④ She wants to （　　　） a teacher.

（ア is　　イ be ）

2 次の文を不定詞を使って英語にしましょう。

① わたしは走ることが好きです。

_____

② 彼はテニスの選手になりたい。

_____

③ わたしの夢は看護師になることです。

_____

④ 中国語を話すことは難しいです。

_____

 2の④の文は，不定詞が主語になっているんだ。

不定詞⑵＜副詞的用法＞

基本を学ぼう

テニスをするためにという目的を加える

I went to the park to play tennis .

（わたしはテニスをするために公園に行きました。）

 Why do you go to Kyoto?

（あなたはなぜ京都に行くのですか。）

— To see my friends .　　　　（友だちに会うためです。）

主語と動詞を省略して不定詞のみで答える

I'm glad to see you .　（わたしはあなたに会えてうれしいです。）

「うれしい」という気持ちの原因を加える

働き

- 「～するために」という**目的**や**理由**を伝えたいときは，〈to＋動詞の原形〉を使っていう。
- 「～して」と気持ちや感情の**原因**を伝えたいときは，〈主語＋動詞＋形容詞〉のあとに〈to＋動詞の原形〉を続ける。
- 動詞や形容詞，文を修飾する働きがあるのは副詞なので，この用法を「不定詞の副詞的用法」という。

もっとくわしく　■気持ちの原因を表す文でよく使われる形容詞

be happy to ～（簡単な）	be glad to ～（～してうれしい）
be sad to ～（～して悲しい）	be sorry to ～（～して残念だ）
be surprised to ～（～して驚く）	

基礎を固めよう

1. 次の英文の日本語として適切なものを選び，記号で答えましょう。

① They went to school to study English.

　　ア　彼らは英語を勉強するために学校に行きました。
　　イ　彼らは学校へ行って，英語を勉強します。　　　　（　　　）

② I am glad to visit Tokyo.

　　ア　わたしは東京を訪れてうれしいです。
　　イ　わたしは東京を訪れたい。　　　　　　　　　　　（　　　）

2. 次の文を日本語にしましょう。

① You went there to play baseball.
　あなたはそこに（　　　　　　　　　　　　　　　　　）。

② Ken came here to swim.
　ケンはここに（　　　　　　　　　　　　　　　　　　）。

③ She was glad to see him.
　彼女は彼に（　　　　　　　　　　　　　　　　　　　）。

④ They were happy to visit Chiba.
　彼らは千葉を（　　　　　　　　　　　　　　　　　　）。

1. ① ア　② ア
2. ①あなたはそこに（野球をするために行きました）。　　②ケンはここに（泳ぐために来ました）。
　③彼女は彼に（会えてうれしかった）。　　④彼らは千葉を（訪れて幸せでした）。

1 次の文を日本語にしましょう。

① You came here to play basketball.

( )

② He went to America to study English.

( )

③ She went to the store to buy the book.

( )

④ He studied hard to be a science teacher.

to＋be（動詞の原形）「〜になるために」

( )

2 次の（　）の語〔句〕を並べかえて，意味の通る文にしましょう。

① (open / went / to / he / to the room / the window / .)

_____

② (worked / happy / we / hard / be / to / .)

_____

③ (happy / swim / Ben / is / to / here / .)

_____

④ (glad / see / were / you / to / her / ?)

_____

不定詞の副詞的用法はglad, happy, sadなどのあとにきて，「〜して」の意味になるよ。感情の原因や理由を表すんだ。

1 次の文に〔　　〕の意味を加えて，全文を書きかえましょう。

① My brother went to bed.
（早く起きるために）〔get upを使って〕

_____

② My sister is learning Chinese.
（手紙を書くために）〔writeを使って〕

_____

③ He went to France last year.
（音楽を勉強するために）〔studyを使って〕

_____

④ They went to the garden.
（写真を撮るために）〔take picturesを使って〕

_____

2 次の文を英語にしましょう。

① わたしはテニスをするために公園に行きました。

_____

② 彼らは理科を勉強するために学校に来ました。

_____

③ 彼女らは走るために公園に行きました。

_____

④ わたしたちは京都を訪れて幸せでした。

_____

STEP 20 不定詞(3)＜形容詞的用法＞

基本を学ぼう

文の形

I have a lot of 〔名詞〕 things to do .
（わたしにはすべきことがたくさんあります。）

I want something to drink .
（わたしは何か飲むもの〔飲むためのもの〕がほしい。）

Do you have anything to drink ?
（あなたは何か飲むもの〔飲むためのもの〕がありますか。）

I don't have anything to drink .

I have nothing to drink .
（わたしは何も飲むもの〔飲むためのもの〕がありません。）

働き

・「〜するための」，「〜するべき」といいたいときは，名詞のうしろに〈to＋動詞の原形〉を置く。
・〈to＋動詞の原形〉が前の名詞を修飾して，その名詞がどんなものかという説明を付け加える。
・「何か〜する（ための）もの」と伝えたいときはsomething（何か）のあとに〈to＋動詞の原形〉を置く。
・「何も〜ない」と伝えたいときは，nothing to〜のほかにnot…anything to〜を使っていうこともできる。
・名詞を修飾する形容詞と同じ働きをするので，この用法を「不定詞の形容詞的用法」という。

日本語では「電車で読む（ための）本」のように前から名詞を修飾するけれど，英語では a book to read on the trainのようにうしろから名詞を修飾するよ。

90

基礎を固めよう

1. 次の英文の日本語として適切なものを選び，記号で答えましょう。

① I want something to eat.

　　ア　わたしは何かがほしい。
　　イ　わたしは何か食べるものがほしい。　　　　　　　　　（　　　）

② Do you have anything to do?

　　ア　あなたは何か食べるものを持っていますか。
　　イ　あなたは何かすることがありますか。　　　　　　　　（　　　）

2. 次の文を日本語にしましょう。

① Give me something to drink.
　　わたしに何か（　　　　　　　　　　　　　　　　　　　　）。

② I have a lot of work to do.
　　わたしには（　　　　　　　　　　　　　　　　　　　　　）。

③ She has some albums to show him.
　　彼女は彼に（　　　　　　　　　　　　　　　　　　　　　）。

④ I don't have anything to do.
　　わたし（に）は何も（　　　　　　　　　　　　　　　　　）。

 somethingの疑問・否定はanythingだよ。

 解答
1. ① イ　② イ
2. ①わたしに何か（飲むものをください）。　　　②わたしには（すべき仕事がたくさんあります）。
　③彼女は彼に（見せるべきアルバムがいくつかあります）。
　④わたし(に)は何も（すべきことがありません）。

リピートプリント ㉞

1 次の文を日本語にしましょう。

① I want to eat something.
名詞的用法（〜すること） want to 〜（〜したい）
(　　　　　　　　　　　　　　　　　　　　　　　　　)

② I want something to eat.
形容詞的用法（〜するための）
(　　　　　　　　　　　　　　　　　　　　　　　　　)

③ I like to watch TV.
名詞的用法（〜すること）
(　　　　　　　　　　　　　　　　　　　　　　　　　)

④ I sat down to watch TV.
副詞的用法（〜するために） sit down（座る）
(　　　　　　　　　　　　　　　　　　　　　　　　　)

2 次の(　　)の語〔句〕を並べかえて，意味の通る文にしましょう。

① (me / eat / please / give / to / something / .)

_____

② (a lot of / I / have / do / things / to / .)

_____

③ (like / play / I / to / basketball / .)
名詞的用法

_____

④ (was / see / she / to / glad / him / .)
副詞的用法

_____

to不定詞の位置に注意して，不定詞の
どの用法なのかを区別しよう。

92

1 次の不定詞の文を，（　　）の語〔句〕を並べかえて意味の通る文にしましょう。

① I want (go, to, there).

_____

② Mike has no (to, time, read books).
no＋名詞「（まったく）～ない」

_____

③ They were happy (visit, Sendai, to).

_____

④ There are many (places, visit, to) in Hokkaido.
場所

_____

2 次の文を英語にしましょう。

① わたしにはすべきことがたくさんあります。

_____

② 彼は何か食べるものがほしい。

_____

③ 彼女はテレビをみる時間がありません。
no timeを使う

_____

④ わたしたちは何も飲むものがありません。
anythingを使う

_____

STEP 21 動名詞

基本を学ぼう

文の形

_{主語}
Watching a soccer game is fun.
（サッカーの試合を見ることは楽しいです。）

_{目的語}
I like watching a soccer game.
（わたしはサッカーの試合を見ることが好きです。）

_{補語}
My favorite thing is watching a soccer game.
（わたしのいちばん好きなことはサッカーの試合を見ることです。）

_{目的語}
She enjoyed watching a soccer game.
（彼女はサッカーの試合を見ることを楽しみました。）

働き

・「～すること」という意味を表す〈-ing形〉を動名詞という。

・動名詞は名詞と同じように，文のいちばん初めにきて主語（～は），
一般動詞の直後にきて目的語（～を），be動詞のあとにきて補語（主語
を説明する語）になる。

・動名詞とto不定詞の名詞的用法は，両方とも「～すること」という意
味をもっている。動詞によっては目的語として動名詞しかとらないも
のと，不定詞しかとらないものがある。

動名詞はふつう，名詞の単数形と同じあつかいを
するよ。だからbe動詞はis〔was〕を使うよ。

 ■動名詞と不定詞をとる動詞

目的語に動名詞をとる動詞	目的語に不定詞をとる動詞
enjoy ～ ing （～するのを楽しむ）	wish to do ～ （～したいと思う）
stop ～ ing （～するのをやめる）	hope to do ～ （～することを希望する）
fnish ～ ing （～し終える）	want to do ～ （～したい）

基礎を固めよう

1. 次の英文の日本語として適切なものを選び，記号で答えましょう。

① I like playing baseball.

　ア　わたしは野球をすることが好きです。

　イ　わたしは野球をしています。　　　　　　　　　　　（　　　）

② He enjoyed playing the guitar.

　ア　彼はギターをひくのを楽しんでいます。

　イ　彼はギターをひくのを楽しみました。　　　　　　　（　　　）

2. 次の文を日本語にしましょう。

① I like basketball.

わたしは（　　　　　　　　　　　　　　　　　　）。

② He liked to play baseball.

彼は（　　　　　　　　　　　　　　　　　　　　）。

③ She finished reading the book.

彼女は（　　　　　　　　　　　　　　　　　　　）。

④ They began singing a song.
　　　　　begin（始める）の過去形

彼女らは（　　　　　　　　　　　　　　　　　　）。

 動名詞を日本語にする場合は，不定詞の
名詞的用法（〜すること）と同じ意味になるよ。

1. ① ア　② イ
2. ①わたしは（バスケットボールが好きです）。　②彼は（野球をするのが好きでした）。
　③彼女は（本を読み終えました）。　　　　　　④彼女らは（歌を歌い始めました）。

1 次の文を日本語にしましょう。

① It began raining soon.
気候を表すit ※「それは」と日本語にしない。
(　　　　　　　　　　　　　　　　　　　　　　　　　　　)

② I stopped watching the game.
やめる
(　　　　　　　　　　　　　　　　　　　　　　　　　　　)

③ Did you finish writing a letter?
(　　　　　　　　　　　　　　　　　　　　　　　　　　　)

④ We began to love each other.
不定詞の名詞的用法（～すること）
(　　　　　　　　　　　　　　　　　　　　　　　　　　　)

2 次の各組の英文の違いに注意して，日本文を完成させましょう。

① ア I begin singing a song.
わたしは (　　　　　　　　　　　　　　　　　　)。

イ I am singing a song.
わたしは (　　　　　　　　　　　　　　　　　　)。

② ア My father liked playing tennis.
わたしの父は (　　　　　　　　　　　　　　　)。

イ My father was playing tennis.
わたしの父は (　　　　　　　　　　　　　　　)。

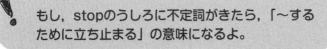

もし，stopのうしろに不定詞がきたら，「～する
ために立ち止まる」の意味になるよ。

1 次の文を（　　）の指示に従って書きかえましょう。

① I played tennis. （否定文に）

_____

② You enjoyed playing the piano. （否定文に）

_____

③ Mike started listening to the music. （疑問文に）

_____

④ Kate finished playing in the garden. （疑問文に）
  遊ぶ

_____

2 次の文を英語にしましょう。

① わたしはテニスをすることが好きです。 （不定詞を使って）

_____

② 彼女らはバスケットボールをするのが得意です。 （動名詞を使って）

_____

③ わたしたちは本を読むために立ち止まりました。 （不定詞を使って）

_____

④ 雨が止みました。 （動名詞を使って）

_____

like, beginは不定詞・動名詞のどちらでも使えるよ。

確認テスト5

1 次の（ ）から適切な語〔句〕を選び，下線部に書きましょう。

(各3点×4＝12点)

① He likes ＿＿＿＿＿＿＿＿ basketball.

(play, playing)

② We enjoyed ＿＿＿＿＿＿＿.

(running, to run)

③ They began ＿＿＿＿＿＿＿ a song.

(sing, to sing)

④ Ben ＿＿＿＿＿＿＿ like to play the piano.

(don't, doesn't)

2 次の下線部に ☐ から適切な語を選び，下線部に書きましょう。ただし，同じ語を何回使ってもかまいません。 (各2点×6＝12点)

① He ＿＿＿＿＿＿＿ Japanese every day.

② She ＿＿＿＿＿＿＿ Spanish last year.

③ ＿＿＿＿＿＿＿ English is useful.

④ I like to ＿＿＿＿＿＿＿ English.

⑤ They are ＿＿＿＿＿＿＿ Japanese now.

⑥ He must ＿＿＿＿＿＿＿ Spanish hard.

study
studies
studied
studying

3 次の文を日本語にしましょう。　　　　　　　(各4点×4＝16点)

① My friend wants to go to London.

(　　　　　　　　　　　　　　　　　　　　　　)

② My hobby is playing tennis.

(　　　　　　　　　　　　　　　　　　　　　　)

③ I was happy to visit Tokyo.

(　　　　　　　　　　　　　　　　　　　　　　)

④ They finished cleaning the rooms.

(　　　　　　　　　　　　　　　　　　　　　　)

4 次の日本文に合うように，[　　]の語を適切な形にかえましょう。
　　　　　　　　　　　　　　　　　　　　　　(各3点×4＝12点)

① わたしには動画を見る時間がありません。

I have no time [watch] videos.　(　　　　　　　)

② 彼はテニスをして楽しみました。

He enjoyed [play] tennis.　　　　(　　　　　　　)

③ 彼女はバレーボールをし終えました。

She finished [play] volleyball.　(　　　　　　　)

④ 彼は本を読むために立ち止まりました。

He stopped [read] the book.　　　(　　　　　　　)

5 次の日本文に合うように，下線部に適切な語を入れましょう。

（各3点×4＝12点）

① わたしは走りたい。

I ＿＿＿＿＿＿ ＿＿＿＿＿＿ run.

② 彼は何か飲むものがほしい。

He wants something ＿＿＿＿＿＿ ＿＿＿＿＿＿.

③ 彼女は泳ぐためにここに来ました。

She came here ＿＿＿＿＿＿ ＿＿＿＿＿＿.

④ 彼女らは彼に会えてうれしかった。

They were glad ＿＿＿＿＿＿ ＿＿＿＿＿＿ him.

6 次の2つの文がほぼ同じ内容になるように，下線部に適切な語を入れましょう。

（各4点×3＝12点）

① To study English is very important.

＿＿＿＿＿＿ English is very important.

② I like listening to music very much.

I like ＿＿＿＿＿＿ ＿＿＿＿＿＿ to music very much.

③ My work is teaching math.

My work is ＿＿＿＿＿＿ ＿＿＿＿＿＿ math.

7 次の文を（　　）の指示に従って書きかえましょう。

（各4点×3＝12点）

① I have some books. 　　　　　　　　　（否定文に）

_____

② I have something to say. 　　　　　　（否定文に）

_____

③ She went to the station to see him. （疑問文に）

_____

8 次の（　　）の語〔句〕を並べかえて，意味の通る文にしましょう。

（各4点×3＝12点）

① 彼らは互いに話すのをやめました。
(each other / stopped / talking / they / .)
　　互いに

_____

② 走ることは健康によい。
(for / running / good / is / the health / .)

_____

③ 私は何か飲むものがほしい。
(something / I / drink / to / want / .)

_____

Did you know?

「虹の7色」と言えばred(赤)，orange(オレンジ)，yellow(黄)，green (緑)，blue(青)，indigo(藍)，violet(紫) だね。しかし，アメリカやイギリスでは虹の色はindigo を除いた6色だと考えられているのよ。

STEP 22 比較(1)

基本を学ぼう

文の形

This bridge is as **long** as that one.

形容詞の原級

（この橋はあの橋と同じくらい長いです。）

This car runs as **fast** as that one.

副詞の原級

（この車はあの車と同じくらい速く走ります。）

働き

・2人の人や2つのものを比べて，「AはBと同じくらい～だ」などのように，程度が同じであることを伝えたいときは，as～as…を使う。asとasの間には形容詞の原級（もとの形）をいれる。

・「AはBと同じくらい～する」と動作の程度が同じであることを伝えたいときは，as～as…を使う。asとasの間には副詞の原級（もとの形）をいれる。

・比べる相手やものは2番目のasのあとに続ける。

 "one" は前に出た名詞のくり返しをさけるために使われる代名詞。英語では一度出た名詞は代名詞で表すことが多いよ。

単語力 UP

このSTEPに出てくる重要語句

① as old as
　　と同じくらいの年齢の

② as long as
　　と同じくらい長い

③ as large as
　　と同じくらい大きい

④ as new as
　　と同じくらい新しい

⑤ as happy as
　　と同じくらい幸せな

⑥ as kind as
　　と同じくらい親切な

⑦ as tired as
　　と同じくらい疲れている

⑧ as fast as
　　と同じくらい速く

⑨ not as busy as
　　ほど忙しくない

基礎を固めよう

1. 次の英文の日本語として適切なものを選び，記号で答えましょう。

① I am as sad as my sister.

  ア　わたしは妹ほど悲しくありません。
  イ　私は妹と同じくらい悲しいです。   （ ）

② This dog isn't as big as that one.

  ア　このイヌはあのイヌほど大きくありません。
  イ　このイヌはあのイヌと同じくらい大きいです。 （ ）

2. 次の文を日本語にしましょう。

① I am as happy as her brother.
 わたしは（   ）。

② He is as kind as Kumi.
 彼は（   ）。

③ This desk is as new as yours.
 この机は（   ）。

④ I'm not as tired as my mother.
 わたしは（   ）。

 as ～ as … の否定文は not as ～ as … の形で表すよ。「…ほど～ない」という意味になるよ。

1. ① イ　　② ア
2. ①わたしは（彼女の兄〔弟〕と同じくらい幸せです）。　　②彼は（クミと同じくらい親切です）。
 ③この机は（あなたの〔机〕と同じくらい新しいです）。　　④わたしは（母ほど疲れていません）。

1 次の文を日本語にしましょう。

① She is as kind as Ken.

(   )

② He can run as fast as my sister.

as fast as … (…と同じくらい速く)

(   )

③ Your pencil is as long as mine.

(   )

④ This bag is as small as that one.

(   )

2 次の(   )の語〔句〕を並べかえて, 意味の通る文にしましょう。

① I'm (not / busy / as / Emi / as / .)

_____

② I (as / his sister / swim / as / can / fast / .)

_____

③ My bag (large / is / as / as / yours / .)

_____

④ My dog (is / big / as / that one / as / .)

_____

前に出た名詞を繰り返すかわりに, mine,
yours, that one を使うことがあるよ。

1 次の日本文に合うように，下線部に適切な語を入れましょう。

① わたしはあなたの兄と同じくらいの年齢です。

I am ＿＿＿＿＿ ＿＿＿＿＿ ＿＿＿＿＿ your brother.

② わたしの車はあなたの車ほど新しくありません。

My car isn't ＿＿＿＿＿ ＿＿＿＿＿ ＿＿＿＿＿ yours.

③ 彼は彼女の妹と同じくらい熱心に勉強します。
hard

He studies ＿＿＿＿＿ ＿＿＿＿＿ ＿＿＿＿＿ her sister.

④ わたしは母と同じくらい早く起きました。
early

I got up ＿＿＿＿＿ ＿＿＿＿＿ ＿＿＿＿＿ my mother.

2 次の文を英語にしましょう。

① わたしは親切です。

＿＿＿＿＿＿＿＿＿＿＿＿＿＿＿＿＿＿＿＿＿＿＿＿＿＿＿＿

② わたしはあなたの姉と同じくらい親切です。

＿＿＿＿＿＿＿＿＿＿＿＿＿＿＿＿＿＿＿＿＿＿＿＿＿＿＿＿

③ わたしは親切ではありません。

＿＿＿＿＿＿＿＿＿＿＿＿＿＿＿＿＿＿＿＿＿＿＿＿＿＿＿＿

④ わたしは彼の弟ほど親切ではありません。

＿＿＿＿＿＿＿＿＿＿＿＿＿＿＿＿＿＿＿＿＿＿＿＿＿＿＿＿

STEP 23 比較(2)

基本を学ぼう

文の形

形容詞の比較級　～よりも

This bike is newer **than** that one.
（この自転車はあの自転車よりも新しいです。）

副詞の比較級　～よりも

This car runs faster **than** that one.
動詞
（この車はあの車よりも速く走ります。）

働き

・2人の人や，2つのものの様子を比べて「AはBより」と伝えるときは，形容詞を-erで終わる形（比較級）にする。

・2人の人や，2つのものの動作の程度を比べて「AはBより」と伝えるときは，副詞を-erで終わる形（比較級）にする。副詞はおもに動詞を修飾するので，副詞の比較級の前には動詞がくる。

・「…よりも」を表すthanを比較級のうしろにおいて〈-er than…〉の形で表す。

・比べる人やものは，thanのあとに続ける。

単語力 UP

■形容詞の比較級のつくり方

① 語尾にerをつける。
young（若い）→younger

② eで終わる語はrだけをつける。
large（大きい）→larger

③ 子音字＋yで終わる語はyをiにかえてer
easy（簡単な）→easier

④ bigなどは最後の1文字を重ねてer　big（大きい）→bigger

■副詞の比較級のつくり方

① 語尾にerをつける。
fast（速く）→faster

② eで終わる語はrだけをつける。
late（遅く）→later

③ 子音字＋yで終わる語はyをiにかえてer
early（早く）→earlier

副詞の比較級の作り方は形容詞と同じだよ。

106

基礎を固めよう

1. 次の英文の日本語として適切なものを選び，記号で答えましょう。

① This dog is bigger than that one.

　　ア　このイヌはあのイヌと同じくらい大きいです。
　　イ　このイヌはあのイヌより大きいです。　　　　　　　（　　　）

② He is younger than her sister.

　　ア　彼は彼女の妹より若いです。
　　イ　彼女は彼の妹より若いです。　　　　　　　　　　（　　　）

2. 次の文を日本語にしましょう。

① I am busier than Ken.

わたしは（　　　　　　　　　　　　　　　　　　　　）。

② Your pen is newer than mine.
　　　　　　　　　　　　　　　mine＝my pen
あなたのペンは（　　　　　　　　　　　　　　　　　　　　）。

③ You run faster than your father.

あなたは（　　　　　　　　　　　　　　　　　　　　）。

④ Canada is larger than Japan.

カナダは（　　　　　　　　　　　　　　　　　　　　）。

1. ① イ　② ア
2. ①わたしは（ケンより忙しいです）。　　②あなたのペンは（わたしの（ペン）より新しいです）。
　 ③あなたは（お父さんより速く走ります）。　　④カナダは（日本より大きい（広い）です）。

1 次の文を日本語にしましょう。

① She got up earlier than Emi.

(　　　　　　　　　　　　　　　　　　　)

② America is larger than Japan.

(　　　　　　　　　　　　　　　　　　　)

③ Your camera is older than mine.

(　　　　　　　　　　　　　　　　　　　)

2 次の(　　)の語〔句〕を並べかえて，意味の通る文にしましょう。

① This book (is / that one / easier / than / .)

_____

② He (than / is / younger / her brother / .)

_____

③ Miyazaki (is / Aomori / hotter / than / .)

_____

④ Your watch (mine / is / than / nicer / .)

_____

hotterはhot（暑い）を表す比較級。「短母音＋子音字」で
終わる語なので，子音字を重ねてerをつけるよ。

1 次の日本文に合うように，下線部に適切な語を入れましょう。

① このイヌはあのイヌより大きいです。

This dog is _____ _____ that one.

② 彼は彼女の妹より熱心にテニスをします。

He plays tennis _____ _____ her sister.

③ 彼女はあなたより若いです。

She is _____ _____ you.

④ 沖縄は大阪より暑いです。

Okinawa is _____ _____ Osaka.

2 次の文を英語にしましょう。

① この橋は長いです。

_____

② この橋は長くありません。

_____

③ この橋はあの橋より長いです。

_____

④ この橋はあの橋と同じくらい長いです。

_____

基本を学ぼう

文の形

形容詞の最上級
This bike is the newest of the three.
（この自転車は3台の中でいちばん新しいです。）

副詞の最上級
He runs (the) fastest in his family.
動詞
（彼は家族の中でいちばん速く走ります。）

働き

・3人以上の人や，3つ以上のものの様子を比べて「いちばん〜」，「最も〜」と伝えるときは，形容詞を-estで終わる形（**最上級**）にする。最上級の前には**the**をつける。

・3人以上の人や，3つ以上のものの動作の程度を比べて「いちばん〜」，「最も〜」と伝えるときは，副詞を-estで終わる形（**最上級**）にする。

■inとofの使い分け
〈 in＋範囲・場所を表す語句〉 in Japan （日本で）
〈 of＋複数を表す語句〉 of the five （5つ[人]の中で）

単語力UP

■形容詞の比較級のつくり方
① 語尾にestをつける。
　　　young(若い)→youngest
② eで終わる語はstだけをつける。
　　　large(大きい)→largest
③ 子音字＋yで終わる語はyをi にかえてest
　　　easy(簡単な)→easiest
④ bigなどは最後の1文字を重ねてest　big(大きい)→biggest

■副詞の比較級のつくり方
① 語尾にestをつける。
　　　fast(速く)→fastest
② eで終わる語はstだけをつける。
　　　late(遅く)→latest
③ 子音字＋yで終わる語はyをi にかえてest
　　　early(早く)→earliest

副詞と形容詞の最上級の作り方は同じだね。

基礎を固めよう

1. 次の英文の日本語として適切なものを選び，記号で答えましょう。

① He is the oldest of the three.

ア 彼は3人の中でいちばん年をとっています。
イ 彼は3倍年をとっています。　　　　　　　　　　（　　）

② I get up the latest in my family.

ア わたしとわたしの家族は遅く起きます。
イ わたしは家族の中でいちばん遅く起きます。　　　（　　）

2. 次の文を日本語にしましょう。

① Emma runs the fastest of all.

エマは（　　　　　　　　　　　　　　　　　　　　）。

② This pencil is longer than that one.

この鉛筆は（　　　　　　　　　　　　　　　　　　）。

③ This pencil is the longest of all.

この鉛筆は（　　　　　　　　　　　　　　　　　　）。

> 副詞の最上級はtheをつけないこともあるよ。

解答
1. ① ア　② イ
2. ①エマは（全員の中でいちばん速く走ります）。　②この鉛筆は（あの鉛筆よりも長いです）。
　③この鉛筆は（すべての中でいちばん長いです）。

1 次の文を日本語にしましょう。

① I am as tall as my mother.

( )

② You are older than his brother.

( )

③ She is the youngest in her family.

( )

④ He can swim the fastest in my class.

( )

2 次の(　)の語〔句〕を並べかえて，意味の通る文にしましょう。

① (in Japan / the / the bridge / is / longest / .)

_____

② (is / tallest / he / of us all / the / .)

_____

③ (the hardest / studied / Kumi / English / in our class / .)

_____

④ (roses / of / I / like / the best / all the flowers / .)
バラ

_____

「～がいちばん好きだ」というときは，
like ～(the)bestとなるよ。

1 次の文の（　）の語を適切な形にかえましょう。ただし，変化しないものもあります。

① I am as _____ as Ken.　　　　（ old ）

② Hokkaido is _____ than Shikoku.　（ large ）

③ Bob came the _____ of all.　　　　（ late ）

④ She can swim the _____ in her town.（ fast ）

2 次の文を英語にしましょう。

① この自転車は古いです。
old

_____

② この自転車はあの自転車と同じくらいの古さです。

_____

③ この自転車はあの自転車より古いです。

_____

④ この自転車はすべての中でいちばん古いです。

_____

STEP 25 比較(4)

基本を学ぼう

文の形

This flower is more beautiful than that one.

（この花はあの花より美しいです。）

This flower is the most beautiful of all.

（この花はすべての中でいちばん美しいです。）

働き

- つづりが長めの語の比較級は，〈more＋形容詞(副詞)の原級＋than…〉の形。
- つづりが長めの形容詞の最上級は，〈the most＋形容詞の原級…〉の形。
- つづりが長めの副詞の最上級の前には〈(the) most＋副詞の原級…〉の形。

単語力 UP

■moreやmostをつける形容詞

- famous（有名な）
- popular（人気のある）
- beautiful（美しい）
- difficult（難しい）
- important（重要な）
- interesting（おもしろい）
- useful（役に立つ）

■moreやmostをつける副詞

- slowly（ゆっくりと）
- quickly（すばやく）
- easily（簡単に）
- carefully（注意深く）

原級とは，変化する前の
もとの形をいうよ。

もっとくわしく ■不規則に変化する比較級と最上級

原級	比較級	最上級
good（よい）　well（上手に）	better	best
many（多数の）　much（多量の）	more	most

基礎を固めよう

1. 次の英文の日本語として適切なものを選び，記号で答えましょう。

① Tennis is more popular than baseball.

    ア　テニスは野球よりも人気があります。
    イ　野球はテニスよりも人気があります。   （　　）

② This singer is the most famous in Japan.

    ア　この歌手は日本では有名ではありません。
    イ　この歌手は日本でいちばん有名です。   （　　）

2. 次の文を日本語にしましょう。

① Your bike is better than mine.
あなたの自転車は（　　　　　　　　　　　　　　　　　　　）。

② English is more difficult than Chinese.
英語は（　　　　　　　　　　　　　　　　　　　）。

③ He walked the most slowly in his family.
彼は家族の中で（　　　　　　　　　　　　　　　　　　　）。

④ That book is the most useful of the three.
あの本は3冊の中で（　　　　　　　　　　　　　　　　　　　）。

解答

1. ①　ア　　②　イ
2. ①あなたの自転車は（わたしの自転車よりよいです）。　②英語は（中国語より難しいです）。
   ③彼は家族の中で（いちばんゆっくりと歩きました）。　④あの本は3冊の中で（いちばん役に立ちます）。

リピートプリント ㊹

1 次の文を日本語にしましょう。

① I am as young as you.
(　　　　　　　　　　　　　　　　)

② You speak more slowly than Tom.
(　　　　　　　　　　　　　　　　)

③ This book is the most interesting of all.
(　　　　　　　　　　　　　　　　)

④ That word is the most important of the five.
単語
(　　　　　　　　　　　　　　　　)

2 次の（　）の語[句]を並べかえて，意味の通る文にしましょう。

① (isn't / he / old / .)

_____

② (as / isn't / my racket / light / yours / as / .)
軽い

_____

③ (that one / is / popular / this song / more / than / .)

_____

④ (is / beautiful / all / this picture / the / of / most / .)

_____

1 次の文の（　）に，適切な語〔句〕をア〜ウから選び，記号で答えましょう。

① I am as (　　　) as his brother.

　　ア old　　　　イ older　　　ウ the oldest

② You have (　　　) T-shirts than Lisa.

　　ア many　　　イ more　　　ウ most

③ He can play tennis (　　　) of the ten.

　　ア well　　　　イ better　　　ウ best

④ She is the (　　　) famous of all.

　　ア many　　　イ more　　　ウ most

2 次の文を英語にしましょう。

① この本は役に立ちます。

_____

② この本はあの本と同じくらい役に立ちます。

_____

③ この本はあの本より役に立ちます。

_____

④ この本はすべての中でいちばん役に立ちます。

_____

> 比較の文で，asがあると原級，thanがあると比較級，in, of があると最上級と考えよう。

STEP 26 受け身〔受動態〕(1)

基本を学ぼう

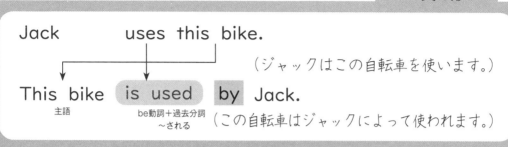

文の形

Jack　　　　uses this bike.
　　　　　　　　　　　　（ジャックはこの自転車を使います。）

This bike　is used　by　Jack.
　主語　　　be動詞＋過去分詞　　　　（この自転車はジャックによって使われます。）
　　　　　　　　～される

働き

- 人やものが「～される」「～されている」と伝えたいときは，be動詞のあとに，動詞の**過去分詞**を続ける。この文を**受け身（受動態）**という。
- 〈be動詞＋過去分詞〉のbe動詞は主語によって使い分ける。
- 「～によって」と動作をする側の人やものを伝えたいときには，**by**を使う。
- byのあとの語が代名詞のときは，代名詞を**目的格**にする。

 過去分詞だけでは，動詞としての働きがないんだ。受け身の文では，be動詞とくっついて1つの動詞としての働きができるんだ。

単語力 UP

次の（　）の中に，過去分詞を書きましょう。

① wash　　washed　　（　　　　　　　）
② study　　studied　　（　　　　　　　）
③ read　　read　　　（　　　　　　　）
④ write　　wrote　　　（　　　　　　　）
⑤ make　　made　　　（　　　　　　　）
⑥ teach　　taught　　（　　　　　　　）

readは形は同じだけれど，過去形と過去分詞の発音は[red レッド]になるよ。

118

基礎を固めよう

1. 次の英文の日本語として適切なものを選び，記号で答えましょう。

① The window is opened by Ken.

ア　窓はケンによって開けられます。
イ　ケンは窓を開けます。　　　　　　　　　　　　　　（　　　）

② Ben speaks Chinese.

ア　中国語はベンによって話されます。
イ　ベンは中国語を話します。　　　　　　　　　　　（　　　）

2. 次の文を日本語にしましょう。

① Kumi washes the dishes.
クミは（　　　　　　　　　　　　　　　）。

② The dishes are washed by Kumi.
皿は（　　　　　　　　　　　　　　　）。

③ Mike cleans this room.
マイクは（　　　　　　　　　　　　　　　）。

④ This room is cleaned by Mike.
この部屋は（　　　　　　　　　　　　　　　）。

1. ① ア　② イ
2. ①クミは（皿を洗います）。　　　　②皿は（クミによって洗われます）。
　③マイクは（この部屋をそうじします）。　④この部屋は（マイクによってそうじされます）。

リピートプリント ㊻

1 次の文を日本語で受け身の文にしましょう。

例　メグミは手紙を書きました。（この手紙はメグミによって書かれました。）

① わたしはこの部屋を使います。

(　　　　　　　　　　　　　　　　　　　　　　　　　　)

② あなたは窓を開けます。

(　　　　　　　　　　　　　　　　　　　　　　　　　　)

③ 彼は車を洗います。

(　　　　　　　　　　　　　　　　　　　　　　　　　　)

④ エマは新しいドレスを作りました。

(　　　　　　　　　　　　　　　　　　　　　　　　　　)

2 次の文を受け身の文にしましょう。

① I use this room.
by me

_____

② You open the window.

_____

③ He washes the car.

_____

④ Emma made a new dress.

_____

byのあとの代名詞は目的格になるよ。

リピートプリント ㊼

1 次の文を日本語にしましょう。

① English is spoken by Ken.

(   )

② This book was written by Tom.

(   )

③ Japanese is taught by him.

(   )

④ The box was made by her.

(   )

2 次の文を英語にしましょう。

① 彼は日本語を勉強します。
3単現に注意

_____

② サッカーはたくさんの人に愛されています。

_____

③ 彼女は英語を話しました。
speak⇒spoke

_____

④ 英語は彼女によって話されました。
speak⇒spoke⇒spoken

_____

 受け身の過去の文はbe動詞を過去にするんだ。
日本語にするときは「〜されました」になるよ。

受け身〔受動態〕(2)

基本を学ぼう

This bike　is used　by　Jack.

Is　this bike　used　by　Jack?

（この自転車はジャックによって使われますか。）

Yes, it　is. / No, it　isn't.

（はい，使われます。）（いいえ，使われません。）

This bike　is not[isn't] used　by　Jack.

（この自転車はジャックによって使われません。）

・受け身（受動態）の疑問文は，be動詞で文を始め，あとに主語と過去分詞を続ける。答えるときも，be動詞を使って答える。
・受け身（受動態）の否定文は，be動詞のあとにnotを入れる。

単語力 UP

次の①～⑤には英語を，⑥～⑩には日本語を□から選んで，書きましょう。

① 愛されている（　　　　　）　⑥ be visited （　　　　　）

② 開けられる　　（　　　　　）　⑦ be closed　（　　　　　）

③ そうじされる（　　　　　）　⑧ be washed （　　　　　）

④ 教えらえる　　（　　　　　）　⑨ be spoken （　　　　　）

⑤ 書かれる　　　（　　　　　）　⑩ be read　　（　　　　　）

閉められる / 洗われる / be opened / be cleaned / be loved
訪ねられる / 読まれる / 話される / be taught / be written

基礎を固めよう

1. 次の英文の日本語として適切なものを選び，記号で答えましょう。

① Are you loved by him?

　　ア　あなたは彼によって愛されていますか。
　　イ　彼はあなたによって愛されていますか。　　　　　　（　　）

② The room wasn't cleaned by her.

　　ア　部屋は彼女によってそうじされません。
　　イ　部屋は彼女によってそうじされませんでした。　　　（　　）

2. 次の文を日本語にしましょう。

① He reads an English book.
　彼は（　　　　　　　　　　　　　　　　　）。

② You aren't loved by her.
　あなたは（　　　　　　　　　　　　　　　　　）。

③ Is this chair used by him?　—Yes, it is.
　このいすは（　　　　　　　　　　　）。—はい，（　　　　　　　）。

④ Was this English book written by her?—No, it wasn't.
　この英語の本は（　　　　　　　　　　　）。　—いいえ，書かれませんでした。

解答

1. ① ア　② イ
2. ①彼は（英語の本を読みます）。
　②あなたは（彼女によって愛されていません）。
　③このいすは（彼によって使われますか）。—はい，（使われます）。
　④この英語の本は（彼女によって書かれましたか）。

1 次の文を日本語にしましょう。

① I open the window.

( )

② The window is opened by me.

( )

③ Was the window opened by me?
過去の文

( )

—Yes, it was.

—( )

④ I was opening the window then.
過去進行形

( )

2 次の( )の語〔句〕を並べかえて，意味の通る文にしましょう。

① (by / was / Spanish / taught / him / .)

_____

② (weren't / by / the rooms / cleaned / her / .)

_____

③ (the boxes / Ken / were / made / by / ?)

_____

1 次の文を〔　　〕の指示に従って書きかえましょう。

① He studied English.　　　　　　　（否定文に）

_____

② English is spoken by him.　　　　（否定文に）

_____

③ This picture was taken by her. （疑問文に）

_____

④ He read a Chinese book.　　　　　（疑問文に）

_____

2 次の文を英語にしましょう。

① わたしは英語を話します。

_____

② 英語はわたしによって話されます。

_____

③ 日本語はケン（Ken）によって話されません。

_____

④ ケンは日本語の本を読みます。

_____

readは3単現になるとreads,
過去形の場合はread〔レッド〕だよ。

確認テスト6

1 次の動詞の過去分詞を書きましょう。　　　　　（各2点×6＝12点）

① open _____　② clean _____

③ visit _____　④ study _____

⑤ see _____　⑥ speak _____

2 次の語の比較級・最上級を書きましょう。　　　（各1点×12＝12点）

① young　　比較級 _____ 最上級 _____

② large　　比較級 _____ 最上級 _____

③ big　　　比較級 _____ 最上級 _____

④ good　　比較級 _____ 最上級 _____

⑤ beautiful 比較級 _____

　　　　　　最上級 _____

⑥ famous　比較級 _____

　　　　　　最上級 _____

3 次の文の（　　）から適切な語〔句〕を選び，下線部に書きましょう。 (各3点×4＝12点)

① _____ the T-shirt designed by him?

(Are, Is, Does)

② This bridge is _____ than that one.

(long, longer, longest)

③ This flower is the _____ beautiful of all.

(many, more, most)

④ Yui gets up as _____ as her sister.

(earlier, the earliest, early)

4 次の文を日本語にしましょう。 (各3点×4＝12点)

① She is busy.
(   )

② He is the youngest in his family.
(   )

③ This animal isn't seen in Japan.
(   )

④ Was the window opened by him?
(   )

5 次の日本文に合うように，下線部に適切な語を入れましょう。

（各3点×4＝12点）

① この公園は毎日そうじされます。

This park _____ _____ every day.

② この本はあの本よりやさしいです。

This book is _____ _____ that one.

③ この自転車はあの自転車と同じくらい新しいです。

This bike is _____ new _____ that bike.

④ あなたのアイデアはわたしたちの中でもっともよいです。

Your idea is _____ _____ _____ us all.

6 次の文を（　　）の指示に従って書きかえましょう。

（各4点×3＝12点）

① Mr. Tanaka is older than my mother.
（my motherを主語にしてほぼ同じ意味に）

_____

② Akira can run fast. （of the fiveを加えて最上級の文に）

_____

③ The English book was written by her. （否定文に）

_____

7 次の文を受け身の文にしましょう。　　　　　　(各4点×4＝16点)

① I speak English.

English ＿＿＿＿＿＿ ＿＿＿＿＿＿ by me.

② Children don't like this vegetable.

This vegetable ＿＿＿＿＿＿ ＿＿＿＿＿＿ by children.

③ I opened the window.

The window ＿＿＿＿＿＿ ＿＿＿＿＿＿ by ＿＿＿＿＿.

④ She read the book.

The book ＿＿＿＿＿＿ ＿＿＿＿＿＿ by ＿＿＿＿＿.

8 次の下線部に（　　）の語を適切な形にして書きましょう。

(各4点×3＝12点)

① This box was ＿＿＿＿＿＿ by him.　　　　(make)

② Is baseball ＿＿＿＿＿＿ ＿＿＿＿＿＿ than basketball? (popular)

③ She is the ＿＿＿＿＿＿ of the three.　　(busy)

Did you know?

You were as cool as a cucumber. 「キュウリのようにクールだったね」って言われても何のこと？って思うわね。これは昔から使われている決まり文句で，「落ち着きを払っている」という意味なの。キュウリはつけもの（ピクルス）にしても色が変わらないから，顔色の変わらないたとえとして使われているのよ。

英作文に強くなろう① (be動詞 進行形)

次の文を英語にしましょう。

① わたしは生徒です。

_____

② 彼女は親切な看護師です。

_____

③ 彼は英語の先生でした。

_____

④ わたしは野球をしています。

_____

⑤ わたしたちは彼を手伝っていました。

_____

⑥ 彼らは図書館で英語を勉強していました。

_____

単語力 UP

上の英作文に出てくる語〔句〕です。わからない時に参考にしよう。

kind（親切な）   nurse（看護師）

English teacher（英語の先生）   play baseball（野球をする）

help（手伝う）   in the library（図書館で）

英作文に強くなろう② （一般動詞）

次の文を英語にしましょう。

① わたしは中国語が好きです。

_____

② 彼は日本語を勉強します。

_____

③ 彼女は英語を勉強しました。

_____

④ 彼女は中国語を上手に話しました。

_____

⑤ マイク(Mike)は速く泳ぎません。

_____

⑥ 彼らは早く起きましたか。

_____

単語力 UP

上の英作文に出てくる語〔句〕です。わからない時に参考にしよう。

Chinese （中国語）   Japanese （日本語）   study ⇒ studies

study ⇒ studied   well （上手に）   speak ⇒ spoke

fast （速く）   early （早く）   get up （起きる）

英作文に強くなろう③ （助動詞）

① 私はテニスをすることができます。 　　　　　　　（can を使って）

_____

② 明日雨が降るかもしれません。 　　　　　　　　　（may を使って）

_____

③ 彼は熱心に英語を勉強しなければなりません。 　（must を使って）

_____

④ 彼女は彼を手伝わなければなりません。 　　　　（have to を使って）

_____

⑤ わたしは明日彼を訪ねます。 　　　　　　　　　（will を使って）

_____

⑥ 彼らは来月彼女に会うつもりです。 　　　（be going to を使って）

_____

単語力 UP

　　上の問題に出てくる語〔句〕です。英作文の参考にしてください。

must = have to	rain（雨が降る）
hard（熱心に）	help（手伝う）
visit（訪ねる）	tomorrow（明日）
next month（来月）	see〔meet〕（会う）

英作文に強くなろう④ (不定詞)

① わたしは泳ぐことが好きです。

_____

② 彼は走りたい。

_____

③ 彼女は窓を開けるために部屋に行きました。

_____

④ 彼らは彼女に会えてうれしかった。

_____

⑤ わたしは何か飲むものがほしい。

_____

⑥ わたしたちはすべき仕事がたくさんあります。

_____

単語力 UP

上の問題に出てくる語〔句〕です。英作文の参考にしてください。

swim（泳ぐ）　　　　run（走る）　　　　go ⇒ went

room（部屋）　　　　glad（うれしい）

何か飲むもの ⇒ 何か飲むためのもの　　　drink（飲む）

すべき仕事 ⇒ するための仕事　　　work（仕事）

a lot of ～（たくさんの～）

英作文に強くなろう ⑤ （比較）

① わたしは彼女の兄と同じくらい幸せです。

_____

② 彼はクミ（Kumi）と同じくらい親切です。

_____

③ この橋はあの橋より長いです。

_____

④ 彼女はケン（Ken）より忙しいです。

_____

⑤ わたしは家族の中でいちばん年をとっています。

_____

⑥ 野球はバスケットボールより人気があります。

_____

単語力 UP

　上の問題に出てくる語〔句〕です。英作文の参考にしてください。

her brother（彼女の兄）　　　kind（親切な）　　　bridge（橋）

busy ⇒ busier　　　　　　　in my family（わたしの家族の中で）

old ⇒ older ⇒ oldest　　　baseball（野球）

basketball（バスケットボール）

popular ⇒ more popular ⇒ most popular

英作文に強くなろう⑥ （受け身）

① わたしはあなたによって愛されます。

_____

② この窓は彼女によって開けられました。

_____

③ この鉛筆はあなたによって使われました。

_____

④ 英語はケンによって話されます。

_____

⑤ そのフランス語の手紙は彼によって書かれました。

_____

⑥ その日本語の本はケン（Ken）によって読まれました。

_____

単語力 UP

　　上の問題に出てくる語〔句〕です。英作文の参考にしてください。

love ⇒ loved ⇒ loved　　　　　open ⇒ opened ⇒ opened

by her（彼女によって）　　　　 use ⇒ used ⇒ used

window（窓）　　pencil（鉛筆）　write ⇒ wrote ⇒ written

speak ⇒ spoke ⇒ spoken　　　French（フランス語）

read ⇒ read ⇒ read

著 者 中 島 勝 利（なかじま・かつとし）

　1945年5月6日，三重県に生まれる。天理大学外国語学部ドイツ学科卒業。長年，大阪市内の中学校で教壇に立つ。

著 書「英語リピートプリント・ハイパー」中学1年生
　　　「英語リピートプリント・ハイパー」中学2年生
　　　「英語リピートプリント・ハイパー」中学3年生
　　　「やさしく学ぶ英語リピートプリント」中学1・2年の復習
　　　「やさしく学ぶ英語リピートプリント」中1
　　　「やさしく学ぶ英語リピートプリント」中2
　　　「やさしく学ぶ英語リピートプリント」中3

やさしく学ぶ英語リピートプリント　中学2年

1993年9月1日　　初版発行
2004年3月20日　　改訂新版発行
2012年1月20日　　改訂新版発行
2021年8月20日　　改訂新版発行
2024年6月20日　　第2刷発行

著　者　中島　勝利
発行者　面屋　洋
企　画　清風堂書店
発　行　フォーラム・A

〒530-0056　大阪市北区兎我野町15-13
　　　　　　電話　（06）6365-5606
　　　　　　FAX　（06）6365-5607
　　　　　　http://www.foruma.co.jp/

制作編集担当・苗村佐和子

表紙デザイン・ウエナカデザイン事務所
印刷・㈱関西共同印刷所／製本・㈱髙廣製本

やさしく学ぶ

英語

リピート

プリント

中2

別冊解答

解答の表記について

◆記号について：

（　　）は省略可能，〔　　〕は書き換え可能な語を示しています。

◆短縮形について：

　この問題集では文の構造がわかりやすいように，短縮形をあまり使用していませんが，短縮形をもちいる解答も基本的に正解です。短縮形は主に会話文などでよく使用されます。

◆aとthe，単数と複数の区別について：

　この問題集では，英語の文法を一つ一つの個別の文を通じて学びます。しかし，本来，文はいくつかの文が集まっている文章の中で使用されますが，その中ではaとtheや，単数と複数の区別は前後の文から自然とわかる場合が多くなります。

　一方，問題集では，例えば『「私たちは箱を作ります」という文を英語で書きなさい』という問題の場合，

　　　・We make a box.　　・We make the box.　　・We make the boxes.

などの解答が考えられますが，残念ながらすべての解答例を掲載するにはページ数がたりません。

　そこで，解答には1例しか掲載しておりませんが，問題によっては，本書の解答と皆さんの解答のaとtheや，単数と複数が違ってくる場合もあり得ます。文法的におかしくなければ，多くの場合はそのページで学ぶ重点項目があっているかどうかで判断していただければと思います。

1年の復習をしよう ①　　(P.4〜5)

1. ① 行く　② 〜をする〔遊ぶ〕　③ 勉強する
   ④ 走る　⑤ 泳ぐ　⑥ 洗う　⑦ 好む
   ⑧ 話す　⑨ 書く　⑩ 読む
2. ① likes　② clean　③ is　④ books
3. ① Is　② Does　③ Can　④ Did
4. ① Study English hard every day.
   ② What day is it today?
   ③ They play tennis every day.
   ④ They played baseball yesterday.

解説

2. ①３単現　②一般動詞clean「そうじする」　③
   現在進行形　④These are〜「これらは〜です」
   複数形
4. ①命令文

1年の復習をしよう ②　　(P.6〜7)

1. ① あれは　② わたしたちは
   ③ すわっています
   ④ 楽しいときを過ごしましたか
2. ① This is a beautiful picture.
   ② I am an English teacher.
   ③ She is running in the ground.
   ④ He can swim fast.
3. ① is studying　② don't play
   ③ Those / windows.　④ Can / run
4. ① Where　② How　③ What time
   ④ When

解説

1. ③現在進行形 be動詞＋動詞ing　④過去の文
2. ①beautiful は形容詞。形容詞＋名詞　②English
   は母音で始まっている。③be動詞＋動詞ing
   ④can＋動詞の原形
3. ①be動詞を忘れないこと。③thatの複数はthose
   であり，be動詞はareを使う。④canを文の初めに
   置くと疑問文になる。
4. ①in Osaka（場所）　②by bus（手段）
   ③at seven（時刻）　④in the morning（時）

STEP 01　be動詞の過去形　　(P.8〜11)

P.10　リピートプリント ①

1 ① わたしたちは昨日家にいました。
   ② あなたのお父さんは先週アメリカにいま
   したか。
   ③ 彼（彼女）らは去年10歳でした。
   ④ 彼はこの前の日曜日ひまではありません
   でした。
2 ① wasn't　② were　③ Was　④ were/ago

解説

1 ①②be動詞の意味には「〜にいる」という意
   味もある。
2 ③天候，寒暖，時刻などをいうときの主語は
   it。この場合のitは日本語に訳す必要はない。

P.11　リピートプリント ②

1 ① I was not〔wasn't〕happy yesterday.
   ② Was he a doctor three years ago?
   ③ We were sad last week.
   ④ They were seven years old last year.
2 ① We were not〔weren't〕in Japan last year.
   ② You were kind boys.
   ③ Were they in the park then〔at that time〕?
   ④ They are interesting.

解説

1 和訳例①わたしは昨日幸せではありませんでし
   た。②彼は３年前医者でしたか。③わたしたち
   は先週悲しかったです。④彼〔彼女〕らは去年
   ７歳でした。
2 ④現在の文

STEP 02　一般動詞の過去形　　(P.12〜15)

P.14　リピートプリント ③

1 ① わたしは昨日数学を勉強しました。
   ② マイクは公園で走りましたか。
   ③ 彼女は今朝７時に起きませんでした。
   ④ ケンとクミは先月バレーボールをしました。
2 ① walked　② went　③ came　④ studied
   ⑤ started　⑥ had　⑦ washed　⑧ got

解説

1③this morning は「今日の朝，今朝」の意味である。

1　① Did you make the box yesterday?
　　　Yes, I did.
　　② We lived in Canada last year.
　　③ He did not〔didn't〕read the magazine.
　　④ She does not〔doesn't〕read the book.
2　① I cleaned yesterday.
　　② She did not〔didn't〕see〔meet〕him last week.
　　③ Did your mother go to the park two days ago?
　　　Yes, she did.

解説

1①Yes, I did.はYes, I made the box yesterday.を簡単に言いかえたものである。④３人称単数現在のsがついているので，現在の文。
2③問いの文の主語your motherは１人の女性を指すので，sheで受ける。

STEP 03　過去進行形　　　(P.16〜19)

1　① わたしはギターをひいていました。
　　② あなたはその時英語を話していました。
　　③ あなたたちはその時(その)箱を作っていましたか。
　　　はい，作っていました。
2　① am　② Were　③ wasn't
　　④ was swimming

解説

1①②③は過去進行形「be動詞(was, were)＋動詞ing」
2①現在進行形「〜しています」　②過去進行形の疑問文「〜していましたか」　③過去進行形の否定文「〜していませんでした」　④過去進行形「〜していました」

1　① I was studying Japanese.
　　② Was he watching TV?
　　③ Ken was not〔wasn't〕reading the book.
　　④ They were helping Emi.

2　① He studies English every day.
　　② Emi was not〔wasn't〕studying English then〔at that time〕.
　　③ Were they playing soccer then〔at that time〕?
　　　Yes, they were.

解説

1過去進行形be動詞(was, were)＋動詞ing。be動詞を忘れないこと。
2①現在の文　②③過去進行形

確認テスト 1　(P.20〜23)

1　① わたしは昨日部屋をそうじしました。
　　② 彼女は昨日悲しくありませんでした。
　　③ 彼は昨晩幸せでしたか。
　　④ 彼ら〔彼女ら〕はその時サッカーをしていました。
　　⑤ 彼ら〔彼女ら〕は毎日テニスをします。
2　① Was / studying　② was in
　　③ were teachers
3　① I was playing baseball.
　　② Were you a teacher?
　　③ Did you come here yesterday?
　　④ I was reading the book then.
4　① I ate curry and rice.
　　② Alice did not〔didn't〕walk to school.
　　③ Was he tired?
　　④ Mike was not〔wasn't〕washing the car.
5　① Were　② was　③ Did　④ am
6　① was　② were　③ went
7　① he was　② Did / didn't　③ they were
8　① was　② were　③ was　④ was
　　⑤ opened　⑥ stopped　⑦ had　⑧ saw

解説

1①②③過去の文　④過去進行形　⑤現在の文
2①過去進行形　②be動詞の過去形　③主語が複数で，過去の文なのでwereを使う。
3和訳例①わたしは野球をしていました。②あなたは先生でしたか。③あなた(たち)は昨日ここに来ましたか。④わたしはその時(その)本を読んでいました。
5和訳例①あなた(たち)は昨日とても幸せでしたか。②ケンは昨日わたしの部屋にいました。③彼はこの前の日曜日勉強しましたか。④わたし

4

は今，図書館で勉強しています。

6 ②主語は複数なのでwereになる。

7 ①be動詞の対話文。②一般動詞の対話文。
③過去進行形の対話文
和訳例①彼は先生でしたか。はい，そうでした。②あなたは昨日英語を勉強しましたか。いいえ，しませんでした。③彼ら〔彼女ら〕はその時日本語を勉強していましたか。はい勉強していました。

8 ⑥pを重ねてed。⑦⑧不規則動詞。

STEP 04 have to　　(P.24〜27)

（P.26）リピートプリント⑦

1 ① わたしは今，中国語を勉強しなければなりません。
② 彼女は病院に行かなくてもよいです。
③ 彼はピアノをひかなければなりませんか。いいえ，ひかなくてもよいです。

2 ① have　② doesn't　③ Does　④ read

〔解説〕

1 ②doesn't have to 〜「〜しなくてもよい」「〜する必要がない」　③have to 〜の疑問文

（P.27）リピートプリント⑧

1 ① She had to understand him.
② Do you have to go shopping?
③ They don't have to climb the mountain.

2 ① I had to stay at home yesterday.
② You don't have to take a picture.
③ Do I have to play the piano?
　　No, you do not〔don't〕(have to).

〔解説〕

1 ①had to 〜のあとは動詞の原形がくる。

2 ①過去形　②「写真を撮る」take a picture
③have toの疑問文はdoまたはdoesで始まる。

STEP 05 must　　(P.28〜31)

（P.30）リピートプリント⑨

1 ① わたしは車を運転しなければなりません。
② わたしは宿題をしなければなりませんか。

はい，しなければなりません。
③ 彼は忙しいにちがいありません。
④ あなたはそれをしてはいけません。

2 ① He has to study hard.
② She has to play the piano.
③ They have to get up early.

〔解説〕

1 ①must＝have to 〜　③「〜にちがいない」
④mustn't「〜してはいけない」強い禁止。[マスント]と発音する。

（P.31）リピートプリント⑩

1 ① He must study Japanese.
② She must be happy.
③ We must clean the rooms.
④ They must run fast.

2 ① I must speak Japanese here.
② You must not〔mustn't〕open the box.
③ Must I come here?
　　No, you do not〔don't〕(have to).

〔解説〕

1 mustのあとは動詞の原形がくる。
和訳例①彼は日本語を勉強しなければなりません。②彼女は幸せにちがいありません。③わたしたちは部屋をそうじしなければなりません。④彼ら〔彼女ら〕は速く走らなければなりません。

2 ③mustを用いた疑問文にNoで答えるときはdon't[doesn't] have to.(する必要はない，しなくてもよい)を用いる。

STEP 06 may / Can I 〜?　(P.32〜35)

（P.34）リピートプリント⑪

1 ① May　② may　③ Can

2 ① It may not be cold tomorrow.
② Ken may not sing a song.
③ She may be angry.
④ May I read this book?

〔解説〕

2 和訳例①明日は寒くないかもしれません。②ケンは歌を歌わないかもしれない。③彼女は怒っているかもしれない。④この本を読んでもよろしいですか。

P.35 リピートプリント ⑫

1 ① Can ② you can't ③ may be

2 ① He may not go swimming.
② It may be true.
③ May I go out?
Sorry〔I'm sorry〕, you can't.

解説

1①May I ～ ?はCan I ～ ?よりもていねいな表現。③beはbe動詞の原形。

STEP 07 Can you～?/Could you～?/Shall I～?/Shall we～? (P.36～39)

P.38 リピートプリント ⑬

1 ① 座っていただけますか。もちろん(です)。
② 立ち上がってくれますか。すみません，できません。
③ あなたを手伝いましょうか。はい，お願いします。
④ (いっしょに)帰宅しましょうか〔しませんか〕。いいえ，やめておきましょう。

2 ① Could you speak ② Shall we play
③ Shall I walk / please

解説

1③Yes, please.のほかにYes, thank you.などと答えてもよい。相手の申し出を断るときはNo, thank you.などがある。

2②Shall I ～ ?は相手に申し出る表現で「(わたしが) ～しましょうか。」の意味になる。

P.39 リピートプリント ⑭

1 ① Sorry I can't ② Yes let's
③ Can you clean ④ Shall I

2 ① Could you help me?
② Can you sing a song?
③ Shall we go to the zoo?
No, let's not.

解説

2③誘いに応じるときはYes, let's.(はい，そうしましょう。)と答える。断るときはNo, let's not.(いいえ，やめておきましょう。)と答える。

STEP 08 will (P.40～43)

P.42 リピートプリント ⑮

1 ① わたしは来週動物園に行くつもりです。
② 彼は次の金曜日東京を訪れないでしょう。
③ 彼女は来月泳ぐでしょうか。はい泳ぐでしょう。
④ マイクとベンは今週末日本へ行くでしょうか。いいえ，行かないでしょう。

2 ① I will do my best.
② He won't visit Tokyo next year.
③ Will she go to Japan next month?

解説

1②won't[ウオント]はwill notの短縮形。

2和訳例①わたしは最善をつくすつもりです。②彼は来年東京を訪れないでしょう。③彼女は来月日本へ行くでしょうか。

P.43 リピートプリント ⑯

1 ① I will see her.
② You will not〔won't〕 walk in the park.
③ Will Ken study English?

2 ① Will ② visit / won't ③ won't

解説

2和訳例①明日彼はわたしに電話をするでしょうか。②ミアは次の日曜日あなたを訪ねるでしょうか。いいえ，訪ねないでしょう。③明日は暑くないでしょう。

STEP 09 be going to (P.44～47)

P.46 リピートプリント ⑰

1 ① I am going to go shopping.
② She is not〔isn't/She's not〕 going to get up at six.
③ Are they going to cook dinner?
Yes, they are.

2 ① am going to ② is going to
③ isn't going to

解説

1③be going to ～はbe動詞を用いる表現。問いに対して答えるときは，問いの文と同じ形を使

うのが原則。Yes, they are.はYes, they are going to cook dinner.のgoing以下を省略したものである。

2 be going to 〜のbe動詞は主語によって使い分ける。

P.47 リピートプリント ⑱

1 ① Are ② aren't ③ is

2 ① I am going to clean the room tomorrow.
② Is Ken going to visit Australia next year?
No, he isn't〔he's not〕.

解説

1 和訳例①あなた(たち)は来週家にいるつもりですか。②わたしたちは放課後サッカーをするつもりはありません。③ナンシーは来月新しい自転車を買うつもりですか。はい，買うつもりです。

2 ① be going to 〜のtoのあとには動詞の原形が入る。my room, the roomsでも可。

確認テスト 2 (P.48〜51)

1 ① will make ② will clean ③ will wash
④ will go

2 ① am going to ② must ③ Can I

3 ① am ② be ③ won't ④ help

4 ① 手伝っていただけますか。
② (いっしょに)公園でテニスをしましょうか〔しませんか〕。
③ いっしょに行きましょうか。

5 ① Ken and Mike are going to drive the car.
② Does he have to wash the car?
③ She does not〔doesn't〕 have an English book.

6 ① have to ② Can you ③ I go
④ Could you

7 ① May〔Can〕 I ② Must I ③ Will

8 ① I'm going to play tennis tomorrow.
② Shall we watch a baseball game on TV tonight?
③ Could you carry this box?

解説

1 ①②③④will＋動詞の原形

3 和訳例①わたしは放課後泳ぐつもりです。②彼は疲れているかもしれません。③彼女はその公園に行かないでしょう。④トムは明日メアリーを手伝うでしょうか。

---

4 ①Could you 〜？「〜していただけますか」
②Shall we 〜？「(いっしょに)〜しましょうか」
③Shall I 〜？「(わたしが)〜しましょうか」

5 和訳例①ケンとマイクは(その)車を運転するつもりです。②彼は(その)車を洗わなければなりませんか。
③彼女は英語の本を持っていません。

7 和訳例①このペンを使ってもよろしいですか。すみません，できません。②わたしはそこに行かなければなりませんか。いいえ，行かなくてもよいです。③彼女は来年中国に行くでしょうか。はい，行くでしょう。

STEP 10 接続詞 if (P.52〜53)

P.53 リピートプリント ⑲

1 ① (もし)速く走らなければ，あなたは遅刻するでしょう。
② (もし)晴れていれば買い物に行きます。
③ (もし)おなかがすいていれば，このケーキを食べてください。

2 ① If it rains / will ② If you have

解説

1 if は「(もし)〜すれば，(もし)〜ならば」という意味。

STEP 11 接続詞 when (P.54〜55)

P.55 リピートプリント ⑳

1 ① わたしは図書館に行ったとき，彼女に会いました。
② 彼女が帰宅したとき，彼は勉強していました。
③ わたしは子どもだったとき，仙台に住んでいました。
④ あなたはいつ勉強しましたか。

2 ① She was playing tennis when he went to the park.
② I call her when I am happy.
③ When do you play tennis?
I play tennis on Sundays〔every Sunday〕.

解説

---

1 ①②③接続詞は文と文を結ぶ役目をする。

④ このwhenは疑問詞。（いつ〜）

2 ①When he went to the park, she was playing tennis.でも正解。接続詞を文の初めに置くと，コンマが必要。②When I am happy, I call her.でも正解。③疑問詞when

---

STEP **12** 接続詞 because （P.56〜57）

P.57 リピートプリント ㉑

1 ① わたしはたくさんの宿題があるので，外出することができません。

② 暑かったので，わたしは窓を開けました。

③ なぜ彼女はこの本を読みますか。
とてもおもしろいからです。

2 ① because I caught　② because it was

解説

2 和訳例①わたしはかぜをひいたので，家にいました。②日曜日だったので，彼は学校に行きませんでした。

STEP **13** 接続詞 that （P.58〜59）

P.59 リピートプリント ㉒

1 ① I know that they live in Okinawa.

② Lusy says that she likes cats.

2 ① 英語を話すことができることを知っています。

② 上手に泳ぐことができると思います。

③ 正しいと思います。

④ 彼女が行くなら行きます。

解説

1 和訳例①わたしは彼ら〔彼女ら〕が沖縄に住んでいることを知っています。②ルーシーはネコが好きであると言っています。

STEP **14** 感嘆文 （P.60〜61）

P.61 リピートプリント ㉓

1 ① なんて寒いのでしょう。

② なんて長い橋なんだろう。

③ これらはなんてやさしい本なんだろう。

④ この本はなんておもしろいのだろう。

2 ① How old this is!

② What an old picture this is!

③ How noisy he is!

④ What a noisy boy he is!

解説

1 ②③形容詞のあとに名詞がある場合はWhat〜！に，そうでない場合はHow〜！を使う。

2 ②④名詞があるのでwhatを使って感嘆文を作る。

確認テスト **3** （P.62〜65）

1 ① もし（あなたが）速く走らなければ，あなたは遅れるでしょう。

② わたしは彼が上手に泳ぐことができることを知っています。

③ わたしはあなたの答えが正しいと思います。

④ 彼ら〔彼女ら〕は病気なので欠席しています。

2 ① I know that he lives in Tokyo.

② I think she is honest.

③ Let's go to the sea if you are free.

④ He was tired because he walked quickly.

3 ① エ　② ア　③ イ　④ ウ

4 ① He knows (that) I can play tennis.

② How interesting this story is!

③ Why do you want a new bike?
Because my bike is very old.

5 ① when I am happy

② when she came home

③ when I saw her

④ when I was ten years old

6 ① When he was young, he lived in America.

② When she went to the park, he was running.

③ When he was in Japan, he visited Kobe.

7 ① that　② if　③ because

8 ① ア　② イ　③ ウ

解説

1 ③ **2** ②接続詞thatは省略することができる。

2 和訳例①わたしは彼が東京に住んでいることを知っています。②わたしは彼女が正直だと思い

ます。③もし，あなた(たち)がひまならば海に行きましょう。④彼は速く歩いたので疲れました。

3 和訳例①わたしは彼が親切なことを知っています。②彼は熱心に働いたのでとても疲れています。③あなた(たち)は若いとき，熱心に勉強しなければなりません。④わたしはあなた(たち)が忙しいなら手伝うつもりです。

5 和訳例①わたしは幸せなとき，わたしの友だちに電話をします。②彼は彼女が帰宅したとき，英語を勉強していました。③わたしが彼女に会ったとき，彼女は本を読んでいました。④わたしの友だちはわたしが10歳だったときに，わたしにイヌをくれました。

7 和訳例①わたしは彼は医者だと思います。②もし明日晴れたら，魚つりに行きます。③わたしは，英語がおもしろいので好きです。

| STEP **15** | look＋形容詞／
look like＋名詞 | (P.66〜69) |

(P.68) リピートプリント ㉔

1 ① 彼は幸せです。
② 彼は幸せそうに見えます
③ あなたのお母さんは若く見えます。
④ 月はボールのように見えます。

2 ① You look busy.
② Mike looked like a singer.
③ She looked like a dancer.
④ They looked at the sky.

解説

1 ②③look＋形容詞　④look like＋名詞

2 ④look at 〜「〜を見る」
和訳例①あなた(たち)は忙しく見えます。②マイクは歌手のように見えました。③彼女はダンサーのように見えました。④彼ら〔彼女ら〕は空を見ました。

(P.69) リピートプリント ㉕

1 ①ア　②イ　③イ　④ア

2 ① She is young.　② She looks young.
③ She looks like a singer.
④ She doesn't look tired.

解説

2 ②④look＋形容詞　③look like＋名詞

| STEP **16** | 主語＋動詞＋
目的語＋目的語 | (P.70〜73) |

(P.72) リピートプリント ㉖

1 ① わたしは彼女にわたしのアルバムを見せました。
② 彼は彼ら〔彼女ら〕に中国語を教えました。
③ 彼女は彼にオレンジをあげました。
④ わたしたちは彼女にプレゼントを送ります。

2 ① I give a doll to you.
② She showed her album to him.
③ Please teach English to me.

解説

1 show, teach, give, sendは2つの目的語(〜を，〜に)をとる動詞。

(P.73) リピートプリント ㉗

1 ① a letter to you　② a story to you
③ her picture to him

2 ① teach you　② gives / to her
③ sent / to him

解説

2 ②③先に「物」がきているのでto her, to him になる。

| STEP **17** | There is(are)〜. | (P.74〜77) |

(P.76) リピートプリント ㉘

1 ① 壁に絵〔写真〕がかかっています。
② テーブルの上に6つのリンゴがありました。
③ かばんの中に2冊の本がありましたか。はい，ありました。
④ 机の上に本はありませんでした。

2 ① There is a map on the wall.
② There is an apple on the table.
③ There are some girls in the room.

解説

1 ①壁に絵〔写真〕があります。→壁に絵〔写真〕がかかっています。③Were there 〜？の答えはthere were で答える。they were では答えない。区別をすること。④過去の否定文。

2 ③some girlsは複数なので，There are 〜になる。

9

和訳例①壁に地図がかかっています。②テーブルの上にリンゴがあります。③部屋の中に数人の少女がいます。

P.77 リピートプリント ㉙

1 ① There was a notebook on the desk.
② Are there any lemons in the basket?
③ There are not〔aren't〕any dogs near the tree.
④ 部屋の中には一匹もネコはいません。

2 ① There is a chair in the room.
② There is a map on the wall.
③ Were there any girls in the park?
Yes, there were.

解説
1②③someは疑問文・否定文ではanyになる。
④ not any 〜「1つ〔1人〕も〜ない」
2③「いましたか」は「Were there＋複数名詞?」になる

確認テスト 4 (P.78〜81)

1 ① is ② were ③ like ④ to her
⑤ to him
2 ① looks delicious ② is a cup
③ her an apple
3 ① to you ② to him ③ to her
④ to Tom
4 ①（There are some boys）in the park.
②I played tennis（when I was young）.
③（What a kind boy）he is!
④I taught（English to him）.
5 ① There are many books in my bag.
② There are not〔aren't〕any apples in the box.
③ There was a dog under the tree yesterday.
④ Was there a store near the station?
6 ①ア ②ア ③ア
7 ① How many video games are there in the room?
② This homework does not〔doesn't〕look difficult.
③ Are there any books on the desk?
8 ① The woman looked kind.
② There are three bikes under the tree.
③ There aren't any books on the desk.

解説
1和訳例①机の上にノートがあります。②家の近くにいくつかの木がありました。③お母さんは少女のように見えます。④彼は彼女に日本語を教えました。⑤わたしは彼に時計を見せました。
3和訳例①わたしはあなたに写真〔絵〕を送ります。②わたしはわたしのアルバムを彼に見せました。③彼は彼女におもしろい話を話しました。④彼女はトムにケーキをあげました。
4和訳例①公園（の中）に何人かの少年がいます。②わたしは若かったとき，テニスをしました。③彼はなんて親切な少年なんだろう。④わたしは彼に英語を教えました。
5①主語がmany booksと複数になるので，be動詞はareを用いる。②否定文，疑問文ではふつうsomeではなくanyを用いる。否定文でanyを用いると「1つ〔1人〕も〜ない」という意味になる。
7①数をたずねるときは＜how many＋名詞の複数形＞の形を用いる。There is〔are〕〜 .の文にhow manyを用いた疑問文になる。主語はmanyのあとの複数形の名詞なので，be動詞はareになる。②looksのように3単現のsがついているので，doesを用いる。

STEP 18 不定詞(1) ＜名詞的用法＞ (P.82〜85)

P.84 リピートプリント ㉚

1 ① 彼は上手に泳ぐことができます。
② わたしの趣味はテニスをすることです。
③ 中国語を話すことは役に立ちます。
④ わたしは看護師になりたい。
2 ① We want to go there.
② They don't like to play tennis.
③ I wanted to be a doctor.
④ To read books is interesting.

解説
1②③④不定詞の名詞的用法（〜すること）③「〜することは…だ」itを主語として文を始め，あとに本来の主語である〈to＋動詞の原形〉を続ける。④want to be 〜「〜になりたい」
2和訳例①わたしたちはそこに行きたい。②彼ら〔彼女ら〕はテニスをすることが好きではありません。③わたしは医者になりたかった。④本を

10

読むことはおもしろいです。

P.85　リピートプリント ㉛

1　① ア　② イ　③ ア　④ イ

2　① I like to run.

② He wants to be〔become〕a tennis player.

③ My dream is to be〔become〕a nurse.

④ To speak Chinese is difficult.

解説

1①②③④不定詞toのあとは動詞の原形がくる。

2④It is difficult to speak Chinese.とも書ける。

STEP 19　不定詞⑵
〈副詞的用法〉　　(P.86〜89)

P.88　リピートプリント ㉜

1　① あなた(たち)はバスケットボールをするためにここに来ました。

② 彼は英語を勉強するためにアメリカに行きました。

③ 彼女は(その)本を買うために店に行きました。

④ 彼は理科の先生になるために熱心に勉強しました。

2　① He went to the room to open the window.

② We worked hard to be happy.

③ Ben is happy to swim here.

④ Were you glad to see her?

解説

1①②③④不定詞の副詞的用法(〜するために)

2③④不定詞の副詞的用法だが「〜して」の意味になる。

和訳例①彼は窓を開けるために部屋に行きました。②わたし(たち)は幸せになるために熱心に働きました。③ベンはここで泳げて幸せです。④あなた(たち)は彼に会えてうれしかったですか。

P.89　リピートプリント ㉝

1　① My brother went to bed to get up early.

② My sister is learning Chinese to write a letter.

③ He went to France last year to study music.〔He went to France to study music last year.〕

④ They went to the garden to take pictures.

2　① I went to the park to play tennis.

② They came to school to study science.

③ They went to the park to run.

④ We were happy to visit Kyoto.

解説

1和訳例①わたしの兄〔弟〕は早く起きるために寝ました。②わたしの姉〔妹〕は手紙を書くために中国語を習っています。③彼は音楽を勉強するために昨年フランスに行きました。④彼ら〔彼女ら〕は写真を撮るために庭に行きました。

STEP 20　不定詞⑶
〈形容詞的用法〉　　(P.90〜93)

P.92　リピートプリント ㉞

1　① わたしは何か食べたい。

② わたしは何か食べるものがほしい。

③ わたしはテレビをみることが好きです。

④ わたしはテレビをみるために座りました。

2　① Please give me something to eat.

② I have a lot of things to do.

③ I like to play basketball.

④ She was glad to see him.

解説

1①③名詞的用法「〜すること」②形容詞的用法「〜するための」④副詞的用法「〜するために」

2和訳例①どうかわたしに何か食べるものをください。②わたしはすべきことがたくさんあります。③わたしはバスケットボールをすることが好きです。④彼女は彼に会えてうれしかったです。

P.93　リピートプリント ㉟

1　① I want (to go there).

② Mike has no (time to read books).

③ They were happy (to visit Sendai).

④ There are many (places to visit) in Hokkaido.

2　① I have a lot of things to do.

② He wants something to eat.

③ She has no time to watch TV.

④ We do not〔don't〕have anything to drink.

解説

1和訳例①わたしはそこに行きたい。②マイクは

本を読む時間がありません。③彼ら〔彼女ら〕は仙台を訪れて幸せでした。④北海道には訪れるべき場所がたくさんあります。

2 ②3単現に注意すること。④否定文なのでanythingを使う。

STEP **21** ■**動名詞**　　　　　　　(P.94〜97)

P.96 リピートプリント ㊱

1 ① まもなく雨が降り始めました。
　② わたしは(その)ゲーム〔試合〕を見ることをやめました。
　③ あなたは手紙を書き終えましたか。
　④ わたしたちはお互いに愛し始めました。

2 ① ア わたしは(歌を歌い始めます)。
　　イ わたしは(歌を歌っています)。
　② ア わたしの父は(テニスをすることが好きでした)。
　　イ わたしの父は(テニスをしていました)。

解説

1 ①気候を表すitなので「それは」と日本語にしない。③finish, enjoyのあとは必ず動名詞がくる。④beginは不定詞，動名詞のどちらにでも使える。

2 ①ア動名詞　イ現在進行形　②ア動名詞　イ過去進行形

P.97 リピートプリント ㊲

1 ① I did not〔didn't〕play tennis.
　② You did not〔didn't〕enjoy playing the piano.
　③ Did Mike start listening to the music?
　④ Did Kate finish playing in the garden?

2 ① I like to play tennis.
　② They are good at playing basketball.
　③ We stopped to read a book.
　④ It stopped raining.

解説

1 和訳例①わたしはテニスをしませんでした。②あなた(たち)はピアノをひくのを楽しみませんでした。③マイクは音楽を聞き始めましたか。④ケイトは庭で遊び終えましたか。

2 ①動名詞を使って，I like playing tennis.とも表現できる。②be good at 〜 「〜するのが得意

だ」。前置詞atのあとは動名詞がくる。

確認テスト 5　　(P.98〜101)

1 ① playing　② running　③ to sing
　④ doesn't

2 ① studies　② studied　③ Studying
　④ study　⑤ studying　⑥ study

3 ① わたしの友だちはロンドンに行きたい。
　② わたしの趣味はテニスをすることです。
　③ わたしは東京を訪れて幸せでした。
　④ 彼ら〔彼女ら〕は部屋のそうじをし終えました。

4 ① to watch　② playing　③ playing
　④ to read

5 ① want to　② to drink　③ to swim
　④ to see〔meet〕

6 ① Studying　② to listen　③ to teach

7 ① I do not〔don't〕have any books.〔I have no books.〕
　② I do not〔don't〕have anything to say.〔I have nothing to say.〕
　③ Did she go to the station to see him?

8 ① They stopped talking each other.
　② Running is good for the health.
　③ I want something to drink.

解説

1 ①動名詞　②enjoyのあとは動名詞がくる。③beganのあとはto singかsingingがくる。④主語が3単現。

2 ①every dayがあるので現在の文。②last yearがあるので過去の文。③動名詞が主語になっているので大文字にすること。④不定詞の名詞的用法。⑤nowがあるので現在進行形の文。⑥助動詞mustのあとは動詞の原形がくる。

3 ①want to 〜 は「〜したい，〜したいと思う」と訳す。②動名詞の文。③不定詞の副詞的用法「〜して」④finishのあとは動名詞がくる。

4 ①to do が「〜するべき…」という意味で，前の名詞timeを修飾している。前の名詞を修飾するto不定詞の働きを形容詞的用法という。
②enjoyのあとに動名詞が続くときは，「〜して楽しむ」と訳す。③動名詞はここではfinishedの目的語になっていて，「し終える」は「することを終える」になる。④stopのあとにto不定

詞を続けると「〜するために立ち止まる」という意味で，その場合のto不定詞は目的を表す副詞的用法である。

5 ①不定詞の名詞的用法　②不定詞の形容詞的用法　③不定詞の副詞的用法　④不定詞の副詞的用法

6 ①名詞的用法の to不定詞と動名詞は，ともに「〜すること」という意味を表す。To study English, Studying Englishは，文の主語になっている。「英語を勉強することはとても重要です。」②to listen to music, listening to musicは，likeの目的語になっている。「わたしは音楽を聞くことがとても好きです。」③ここでのto teach math, teaching mathは，主語の内容を説明する補語の働きをしている。「わたしの仕事は数学を教えることです。」

7 ①否定文の場合，someはanyになる。②否定文の場合，somethingはanythingになる。③一般動詞の疑問文，過去形なのでdidを使う。

8 ②動名詞が主語になっている。③不定詞の形容詞的用法

STEP **22** ┃ **比較(1)**　　　(P.102〜105)

(P.104) リピートプリント **38**

1 ① 彼女はケンと同じくらい親切です。
　　② 彼はわたしの姉〔妹〕と同じくらい速く走ることができます。
　　③ あなたの鉛筆はわたしの(鉛筆)と同じくらい長いです。
　　④ このかばんはあのかばんと同じくらい小さいです。

2 ① I'm (not as busy as Emi.)
　　② I (can swim as fast as his sister.)
　　③ My bag (is as large as yours.)
　　④ My dog (is as big as that one.)

【解説】
1 ③mine＝my pencil 前に出た名詞を繰り返すかわりにmineを使う。④that one＝that bag 前に出た名詞を繰り返すかわりにthat oneを使う。
2 和訳例①わたしはエミほど忙しくはありません。②わたしは彼の姉〔妹〕と同じくらい速く泳ぐことができます。③わたしのかばんはあなたのかばんと同じくらい大きいです。④わたし

のイヌはあのイヌと同じくらい大きいです。

(P.105) リピートプリント **39**

1 ① as old as　② as new as　③ as hard as
　　④ as early as

2 ① I am kind.
　　② I am as kind as your sister.
　　③ I am not kind.
　　④ I am not as kind as his brother.

STEP **23** ┃ **比較(2)**　　　(P.106〜109)

(P.108) リピートプリント **40**

1 ① 彼女はエミより早く起きました。
　　② アメリカは日本より大きい〔広い〕です。
　　③ あなたのカメラはわたしのカメラより古いです。

2 ① This book (is easier than that one.)
　　② He (is younger than her brother.)
　　③ Miyazaki (is hotter than Aomori.)
　　④ Your watch (is nicer than mine.)

【解説】
1 ①early — earlier — earliest
2 和訳例①この本はあの本よりやさしいです。②彼は彼女の兄〔弟〕より若いです。③宮崎は青森より暑いです。④あなたの時計はわたしの時計よりすてきです。

(P.109) リピートプリント **41**

1 ① bigger than　　② harder than
　　③ younger than　　④ hotter than

2 ① This bridge is long.
　　② This bridge is not〔isn't〕long.
　　③ This bridge is longer than that one.
　　④ This bridge is as long as that one.

【解説】
1 ②harderは副詞で，動詞playsを修飾する。

STEP **24** ┃ **比較(3)**　　　(P.110〜113)

(P.112) リピートプリント **42**

1 ① わたしはわたしのお母さんと同じくらい

背が高いです。

② あなたは彼の兄〔弟〕より年をとっています。

③ 彼女は彼女の家族の中でいちばん若いです。

④ 彼はわたしのクラスの中でいちばん速く泳ぐことができます。

2 ① The bridge is the longest in Japan.

② He is the tallest of us all.

③ Kumi studied English the hardest in our class.

④ I like roses the best of all the flowers.

解説

1①原級　②比較級　③④最上級

2和訳例①その橋は日本の中でいちばん長いです。②彼はわたしたち全員の中でいちばん背が高いです。③クミはわたしたちのクラスでいちばん熱心に英語を勉強しました。④わたしはすべての花の中でいちばんバラが好きです。

P.113 リピートプリント ㊸

1 ① old　② larger　③ latest　④ fastest

2 ① This bike is old.

② This bike is as old as that one.

③ This bike is older than that one.

④ This bike is the oldest of all.

解説

1和訳例①わたしはケンと同じくらい年をとっています。〔わたしはケンと同じ年です〕。②北海道は四国より大きい〔広い〕です。③ボブは全員の中でいちばん遅く来ました。④彼女は彼女の町の中でいちばん速く泳ぐことができます。

STEP 25 比較(4) (P.114～117)

P.116 リピートプリント ㊹

1 ① わたしはあなたと同じくらい若いです。

② あなたはトムよりゆっくりと話します。

③ この本はすべての中でいちばんおもしろいです。

④ あの単語は5つの中でいちばん大切です。

2 ① He isn't old.

② My racket isn't as light as yours.

③ This song is more popular than that one.

④ This picture is the most beautiful of all.

解説

2和訳例①彼は年をとっていません。②わたしのラケットはあなたのものほど軽くありません。③この歌はあの歌より人気があります。④この絵〔写真〕はすべての中でいちばん美しいです。

P.117 リピートプリント ㊺

1 ① ア　② イ　③ ウ　④ ウ

2 ① This book is useful.

② This book is as useful as that one.

③ This book is more useful than that one.

④ This book is the most useful of all.

解説

1①asがあるので原級。②thanがあるので比較級。③ofがあるので最上級。④ofがあるので最上級。

STEP 26 受け身〔受動態〕(1) (P.118～121)

P.118 単語力UP

① washed　② studied　③ read　④ written
⑤ made　⑥ taught

P.120 リピートプリント ㊻

1 ① この部屋はわたしによって使われます。

② 窓はあなたによって開けられます。

③ 車は彼によって洗われます。

④ 新しいドレスはエマによって作られました。

2 ① This room is used by me.

② The window is opened by you.

③ The car is washed by him.

④ A new dress was made by Emma.

解説

2①②③④byのあとは目的格がくる。

P.121 リピートプリント ㊼

1 ① 英語はケンによって話されます。

② この本はトムによって書かれました。

③ 日本語は彼によって教えられます。

④ その箱は彼女によって作られました。

2 ① He studies Japanese.

② Soccer is loved by many〔a lot of〕 people.

③ She spoke English.

④ English was spoken by her.

解説

1②④過去の受け身の文。「〜によって〜された」
2④be動詞を過去にすれば受け身の過去になる。

STEP **27** | 受け身（受動態）(2) (P.122〜125)

P.122 単語力UP

① be loved ② be opened ③ be cleaned
④ be taught ⑤ be written ⑥ 訪ねられる
⑦ 閉められる ⑧ 洗われる ⑨ 話される
⑩ 読まれる

P.124 リピートプリント ㊽

1 ① わたしは窓を開けます。
　② 窓はわたしによって開けられます。
　③ 窓はわたしによって開けられましたか。
　　はい，開けられました。
　④ わたしはその時窓を開けていました。
2 ① Spanish was taught by him.
　② The rooms weren't cleaned by her.
　③ Were the boxes made by Ken?

解説

1④過去進行形。「〜していました」
2和訳例①スペイン語は彼によって教えられました。②部屋は彼女によってそうじされませんでした。③（その）箱はケンによって作られましたか。

P.125 リピートプリント ㊾

1 ① He did not〔didn't〕study English.
　② English is not〔isn't〕spoken by him.
　③ Was this picture taken by her?
　④ Did he read a Chinese book?
2 ① I speak English.
　② English is spoken by me.
　③ Japanese is not〔isn't〕spoken by Ken.
　④ Ken reads a Japanese book.

解説

1①過去の文。②受け身の文。be動詞の次にnotを置くと否定文になる。④現在の文であれば，3単現でreadにsがついている。
2④3単現のsに注意すること。

確認テスト **6** | (P.126〜129)

1 ① opened ② cleaned ③ visited
　④ studied ⑤ seen ⑥ spoken
2 ① younger youngest ② larger largest
　③ bigger biggest ④ better best
　⑤ more beautiful most beautiful
　⑥ more famous most famous
3 ① Is ② longer ③ most ④ early
4 ① 彼女は忙しいです。
　② 彼は彼の家族の中でいちばん若いです。
　③ この動物は日本で見られません。
　④ 窓は彼によって開けられましたか。
5 ① is cleaned ② easier than ③ as / as
　④ the best of
6 ① My mother is younger than Mr.Tanaka.
　② Akira can run (the) fastest of the five.
　③ The English book was not〔wasn't〕
　　written by her.
7 ① is spoken ② isn't liked
　③ was opened / me ④ was read / her
8 ① made ② more popular ③ busiest

解説

1①②③④規則変化　⑤⑥不規則変化
2③語尾が短母音＋子音字なのでgを重ねる。
④特別な変化をする。⑤⑥長い単語はmore,mostをつける。
3①受け身の疑問文　②thanがあるので比較級の文。③ofがあるので最上級の文。④「as ＋原級＋ as」の形。原級とは変化していないもとの形のこと。
和訳例②この橋はあの橋より長いです。③この花はすべての中でいちばん美しいです。
4②inがあるので最上級の文。③行為者を示す必要がない場合は，＜by＋人＞は省略する。④過去の受け身の疑問文。
5①受け身の文は＜主語＋be動詞＋過去分詞〜＞で表す。②easy（やさしい）は，語尾が＜子音字＋y＞で終わっているので，yをiに変えてから er をつける。③as＋原級＋as…
④ better は good（よい），well（じょうずに）の比較級。比較級は，「（ほかと比べて）より〜，もっと〜」という意味を表す。
6①わたしの母は田中さんより若いです。②アキラは5人の中でいちばん速く走ることができま

15

す。③(その)英語の本は彼女によって書かれていませんでした。

7 和訳例①英語はわたしによって話されます。②この野菜は子どもたちに好かれていません。③窓はわたしによって開けられました。④(その)本は彼女によって読まれました。

8 和訳例①この箱は彼によって作られました。②野球はバスケットボールより(もっと)人気がありますか。③彼女は3人の中でいちばん忙しいです。

英作文に強くなろう① be動詞 進行形 (P.130)

① I am a student.

② She is a kind nurse.

③ He was an English teacher.

④ I am playing baseball.

⑤ We were helping him.

⑥ They were studying English in the library.

解説
①②③ be動詞の使い方の確認。④⑤⑥進行形の確認。②「親切な看護師」は「長い鉛筆」(a long pencil)と同じ語順になる。aを忘れないように。

英作文に強くなろう② 一般動詞 (P.131)

① I like Chinese.

② He studies Japanese.

③ She studied English.

④ She spoke Chinese well.

⑤ Mike does not〔doesn't〕swim fast.

⑥ Did they get up early?

解説
②3単現でsがつく。③④過去の文。⑥過去の疑問文。didを使う。

英作文に強くなろう③ 助動詞 (P.132)

① I can play tennis.

② It may rain tomorrow.

③ He must study English hard.

④ She has to help him.

⑤ I will visit him tomorrow.

⑥ They are going to see〔meet〕her next month.

解説
③④must＝have to ～　⑤⑥will＝be going to ～

英作文に強くなろう④ 不定詞 (P.133)

① I like to swim.　② He wants to run.

③ She went to the room to open the window.

④ They were glad〔happy〕to see〔meet〕her.

⑤ I want something to drink.

⑥ We have a lot of work to do.

解説
①名詞的用法　②名詞的用法　③副詞的用法
④副詞的用法　⑤形容詞的用法　⑥形容詞的用法

英作文に強くなろう⑤ 比較 (P.134)

① I am as happy as her brother.

② He is as kind as Kumi.

③ This bridge is longer than that one.

④ She is busier than Ken.

⑤ I am the oldest in my family.

⑥ Baseball is more popular than basketball.

解説
①原級　②原級　③比較級　④比較級　⑤最上級
⑥比較級 popularは長い単語なのでmoreを使う。

英作文に強くなろう⑥ 受け身 (P.135)

① I am loved by you.

② This window was opened by her.

③ This pencil was used by you.

④ English is spoken by Ken.

⑤ The French letter was written by him.

⑥ The Japanese book was read by Ken.

解説
①現在の受け身　②過去の受け身　③過去の受け身　④現在の受け身。speakは不規則変化なので注意。⑤過去の受け身。writeは不規則変化なので注意。⑥過去の受け身。readは不規則変化なので注意。